FOGO & CINZAS

As incríveis histórias de bipolares famosos

— Elie Cheniaux — Thiara Cruz —

FOGO & CINZAS

As incríveis histórias de bipolares famosos

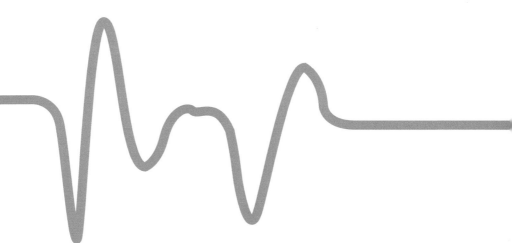

2023

FOGO & CINZAS – As incríveis histórias de bipolares famosos

Produção editorial, projeto gráfico, diagramação e capa: MKX EDITORIAL

© 2023 Editora dos Editores
Todos os direitos reservados. Nenhuma parte deste livro poderá ser reproduzida, sejam quais forem os meios empregados, sem a permissão, por escrito, das editoras.
Aos infratores aplicam-se as sanções previstas nos artigos 102, 104, 106 e 107 da Lei no 9.610, de 19 de fevereiro de 1998.

ISBN: 978-85-85162-75-7

Editora dos Editores
São Paulo: Rua Marquês de Itu, 408 - sala 104
             Centro.
             (11) 2538-3117
Rio de Janeiro: Rua Visconde de Pirajá, 547 - sala 1121
             Ipanema.
             www.editoradoseditores.com.br

Impresso no Brasil
Printed in Brazil
1ª impressão – 2023

Este livro foi criteriosamente selecionado e aprovado por um Editor científico da área em que se inclui. A Editora dos Editores assume o compromisso de delegar a decisão da publicação de seus livros a professores e formadores de opinião com notório saber em suas respectivas áreas de atuação profissional e acadêmica, sem a interferência de seus controladores e gestores, cujo objetivo é lhe entregar o melhor conteúdo para sua formação e atualização profissional.
Desejamos-lhe uma boa leitura!

Dados Internacionais de Catalogação na Publicação (CIP)
(Câmara Brasileira do Livro, SP, Brasil)

Cheniaux, Elie
   Fogo & cinzas : as incríveis histórias de bipolares famosos / Elie Cheniaux, Thiara Cruz. -- São Paulo : Editora dos Editores, 2023.

   Bibliografia
   ISBN 978-85-85162-75-7

   1. Transtorno bipolar - Obras de divulgação   2. Personalidades 3. Psiquiatria I. Cruz, Thiara.   II. Título.

23-161375   CDD-616.895

Índices para catálogo sistemático:
1. Transtorno bipolar : Psiquiatria : Medicina   616.895
Eliane de Freitas Leite - Bibliotecária - CRB 8/8415

Sobre os AUTORES

Elie Cheniaux

Médico

Professor titular de Psiquiatria da Faculdade de Ciências Médicas da Universidade do Estado do Rio de Janeiro (UERJ)

Professor permanente do Programa de Pós-Graduação em Psiquiatria e Saúde Mental do Instituto de Psiquiatria da Universidade Federal do Rio de Janeiro (IPUB-UFRJ)

Thiara Cruz

Psicóloga

Especialista em Dependência Química pela Pontifícia Universidade Católica do Rio de Janeiro (PUC-Rio)

Mestranda em Saúde Mental do Programa de Pós-Graduação em Psiquiatria e Saúde Mental do Instituto de Psiquiatria da Universidade Federal do Rio de Janeiro (IPUB-UFRJ)

Prefácio

Tenho dedicado minha carreira ao estudo da fascinante e desafiadora doença bipolar. No decorrer dos anos, procurando auxiliar pacientes e seus familiares, fui me deparando com questões de grande importância lançadas neste livro.

Muitas vezes o sucesso em diferentes áreas criativas como as artes, a ciência e o empreendedorismo dependem de doses pouco usuais de audácia, desinibição, charme pessoal e mesmo carisma. Essas são características marcantes de pacientes em fase hipomaníaca ou mesmo hipertímica da doença bipolar. Poderíamos dizer que certos indivíduos, quando eufóricos, parecem "tocados pelo fogo", usando as palavras da estudiosa e portadora da doença bipolar Kay Redfield Jamison.

No decorrer da leitura do livro, me deparei com personagens célebres, escritores e artistas favoritos. É impossível resistir, por exemplo, às narrativas que envolvem as vicissitudes de Robert Schumann. Esse músico é apontado como um dos maiores mestres da melodia em música erudita. De fato, não há como evitar reminiscências da infância ouvindo-se *Kinderszenen*, um clássico desse autor. Já disse Beethoven que a música é mais profunda do que qualquer filosofia. De fato, a música de Robert Schumann nos remete à profundidade da nostalgia de tempos passados bem como de cenas de amor e contemplação. Seria parte desse contato profundo com o mundo emocional um resultado da doença bipolar?

Vamos além, e analisando a biografia e obras de Virginia Woolf, verificamos um amálgama de intensas vivências pessoais, erudição e criatividade na sua forma mais intensa e disruptiva. Virgínia Wolf cometeu suicídio após uma carreira de grande sucesso literário. Ela foi um dos mestres da literatura moderna. Mas foi também uma vítima da doença bipolar não tratada. Curiosamente, Virgínia Wolf e seu marido foram editores na Inglaterra da obra do professor alemão Sigmund Freud. Amigos em comum tentaram organizar um encontro de Virginia Woolf com o professor Freud. Esse encontro jamais ocorreu, e, mesmo que tivesse ocorrido, a doença bipolar, embora descrita, ainda não apresentava nenhum tipo de tratamento eficaz. Virgínia Wolf foi tratada com dietas e descanso. Pouco lhe valeram esses tratamentos, e sua doença seguiu um curso de gravidade cada vez maior, culminando com o suicídio.

E que dizer dos relatos biográficos e literários de Ernest Hemingway? Pois o grande autor de *Por quem os sinos dobram* sofria da doença bipolar. Cometeu suicídio, bem como seu pai e sua neta. Histórias como essas são tratadas com riqueza de detalhes e bibliografia de suporte ao longo do livro. Que obra adorável!

Além de leitura obrigatória para profissionais que se dedicam à doença bipolar, a obra é também de grande valia para aqueles que apreciam a história da arte e a riqueza de detalhes da vida de seus protagonistas.

Fica a pergunta que o livro trata ao longo de suas páginas: a doença bipolar seria afinal um facilitador da genialidade? Eu, como tantos outros, prefiro acreditar que existem seres humanos especiais e de talento incontestável, gênios. E genialidade não é doença.

Mas os autores deixam a nós, leitores, com a "pulga atrás da orelha"… Seria a doença bipolar, em muitos casos, a centelha das grandes mentes criativas?

Convido o leitor a deliciar-se nessas páginas de cultura e história da doença mental e seus tratamentos.

Encontrei nas páginas desse livro boas doses de tratamentos que muito recomendo: cultura, ciência e humanismo.

Flávio Kapczinski

Psiquiatra. Membro da Academia Brasileira de Ciências, da Academia Nacional de Medicina e da Academia Sul-Riograndense de Medicina. Professor Titular do Departamento de Psiquiatria e Medicina Legal da Universidade Federal do Rio Grande do Sul. Professor Emérito na McMaster University, Canadá.

Apresentação

O título desta obra faz referência a uma metáfora, criada pelo psiquiatra grego, radicado em Roma, Athanasios Koukopoulos,[1] que compara as fases de mania e de depressão do transtorno bipolar (TB) com fogo e cinzas, respectivamente.

Discutimos os casos de dezessete pessoas famosas que sofriam ou sofrem do TB, trazendo as histórias da vida e do adoecimento mental de cada uma delas. Associar fama e bipolaridade não foi algo aleatório, pois, apesar de o TB ser muito grave e incapacitante, esse transtorno mental parece estar de alguma forma relacionado a criatividade, ousadia, autoconfiança, produtividade e outras qualidades que podem levar o indivíduo a grandes realizações e, consequentemente, à fama.

Duas pessoas com TB foram as nossas maiores inspirações: Vincent van Gogh, um dos maiores pintores de todos os tempos, e a psicóloga Kay Jamison, pesquisadora que tem se dedicado a estudar a relação entre criatividade e esse transtorno mental.[2]

Utilizamos apenas fontes públicas de informação, especialmente biografias, para falar sobre os nossos personagens. A seleção desses personagens seguiu basicamente dois critérios: celebridade e a existência de evidências convincentes quanto ao diagnóstico de TB. Somente casos típicos foram incluídos.

Embora a análise psiquiátrica de cada caso tenha sido feita de forma rigorosa do ponto de vista técnico, levando em consideração a psicopatologia clássica e os critérios diagnósticos mais modernos, o texto foi escrito em uma linguagem simples e acessível. Assim, esta obra é voltada não apenas para os estudantes e profissionais das áreas de psiquiatria e saúde mental, mas também para o público leigo em geral.

Referências

1. Koukopoulos A, Ghaemi SN. The primacy of mania: a reconsideration of mood disorders. Eur Psychiatry. 2009 Mar;24(2):125-34.
2. Jamison KR. Touched with fire: manic-depressive illness and the artistic temperament. New York: The Free Press; 1993.

Introdução I
Transtorno Bipolar, uma Doença Grave

O transtorno bipolar (TB) está incluído nas classificações psiquiátricas atuais como um transtorno mental. Representa, portanto, algo patológico, que necessita de atenção médica, e não meramente um traço de personalidade ou uma forma de desvio moral. Ele é caracterizado por dois tipos de síndromes, que possuem aspectos basicamente opostos e que correspondem aos dois polos do transtorno: a mania e a depressão.[1]

O termo *mania* é utilizado pelo psiquiatra de forma diferente da que faz o leigo. Em psiquiatria, a mania constitui uma síndrome que inclui os seguintes sintomas: alegria ou irritabilidade excessiva; sensação de aumento da energia corporal; aumento da libido; desinibição do comportamento; impulsividade; gastos financeiros excessivos; aumento da autoestima; otimismo; agitação; agressividade – física ou verbal –; fala excessiva e acelerada; pensamentos rápidos; diminuição da necessidade de sono; entre outros.[1] Pelo menos algumas dessas alterações, especialmente aumento da energia e da atividade motora, devem estar presentes para que se configure a síndrome.[2] Durante um episódio maníaco, o indivíduo pode até se sentir melhor do que quando está normal – situação ímpar na medicina – e comumente não se acha doente, apesar de, aos olhos de qualquer outra pessoa, estar de forma evidente alterado.[3]

No cinema, a síndrome maníaca foi bastante bem-retratada no filme *Mr. Jones*, protagonizado por Richard Gere. Uma cena que mostra fielmente o quadro é aquela em que o personagem-título – eufórico, agitado e completamente desinibido – durante um concerto sai da plateia e sobe ao palco para reger a orquestra, por achar que Beethoven estava sendo executado em um ritmo lento demais.[4]

Na depressão, encontram-se os seguintes sintomas: tristeza e choro fácil; prostração, fraqueza, desânimo ou falta de energia; movimentos lentos ou diminuídos; perda da capacidade de sentir prazer; perda do interesse; diminuição da libido; pessimismo; baixa autoestima; ideias de culpa; perda do apetite e emagrecimento – ou aumento da ingestão alimentar e do peso –; insônia – ou sono excessivo –; desesperança; preocupações exageradas quanto à saúde física – hipocondria –; pensamentos ou atos suicidas; descuido da aparência ou da higiene; isolamento social; entre outros.[1] Para o diagnóstico de um episódio depressivo é necessária a ocorrência de várias dessas alterações, especialmente as relacionadas à energia e aos movimentos corporais.[5]

As horas é um filme que mostra de forma fidedigna a depressão, especialmente no que se refere à personagem Laura Brown, interpretada por Julianne Moore. Ela é uma dona-de-casa que está sempre prostrada e triste e que apresenta intensos sentimentos de menos valia, desesperança e ideação suicida.[4]

A mania e a depressão são diferentes, respectivamente, da alegria e da tristeza normais. Sem dúvida é natural ficar alegre quando acontece algo bom e triste em situações de perda ou frustração. Alegria e tristeza são sentimentos humanos normais. No entanto, o que é mais significativo no TB não são as alterações do humor, mas as frequentes e amplas flutuações dos níveis de energia vital, ou seja, a sensação de vigor, disposição física, ânimo.[2] Além disso, na mania e na depressão, alegria e tristeza, respectivamente, podem até, em alguns casos, estar ausentes. Soma-se a isso o fato de que, no TB, ocorrem importantes alterações corporais – relacionadas principalmente ao sono, ao apetite e à libido, o que não é geralmente observado em situações não patológicas.

No TB, pode haver também episódios mistos, nos quais sintomas maníacos e depressivos ocorrem ao mesmo tempo,[6] além de episódios de hipomania, em que os sintomas maníacos são mais leves e menos numerosos. Na hipomania, não só o indivíduo se sente muito bem, como também pode não ter prejuízo significativo algum e ainda apresentar um nível de funcionamento acima do seu normal: fica mais alegre, desinibido, sociável e criativo; consegue trabalhar e namorar mais e melhor; e se torna mais atraente e agradável para as outras pessoas. Como é possível para o paciente, seus amigos e familiares verem essa situação como a expressão de um transtorno mental?! A questão é que o indivíduo com TB não fica indefinidamente em hipomania: há remissão espontânea, o quadro se agrava e evolui para a mania grave, ou advém um episódio de depressão.

Em paralelo às alterações na energia vital e no humor, no TB observam-se importantes alterações cognitivas, afetando, entre outras funções, a atenção e a memória.[7] Em casos mais graves, os episódios de mania ou de depressão se acompanham de sintomas psicóticos. Sintomas psicóticos – ou seja, alucinações ou delírios – expressam um grave prejuízo no julgamento da realidade. Alucinações são falsas percepções, isto é, percepções sem um estímulo correspondente. Por exemplo, um indivíduo que apresenta alucinações auditivas pode ouvir vozes quando ninguém está falando. Os delírios, por sua vez, são ideias ou crenças que não têm como base a realidade ou que independem desta. O conteúdo dos delírios quase sempre é falso e, muitas vezes, impossível. Na mania, são especialmente comuns os delírios de grandeza: o paciente acredita que é muito rico, famoso ou importante, tem poderes paranormais, que é Deus etc. Na depressão, ruína é o tema mais comum. Nesse caso, a crença é quanto a estar pobre – ruína financeira –, ser um grande pecador – ruína moral –, ter uma doença muito grave, estar morto – ruína corporal – etc. Eventualmente, tanto na mania como na depressão, podem ocorrer delírios com outros temas, como perseguição.[8]

Durante o curso da doença, os episódios de mania e de depressão, que em geral duram meses, se alternam, havendo entre eles frequentemente períodos de normalidade, chamados de eutímicos. Na maioria dos casos, os episódios de depressão são mais numerosos e duradouros do que os de mania.[9] É mais comum que a primeira crise seja de depressão. Com o passar do tempo, os episódios podem se tornar cada vez mais frequentes e mais graves, especialmente se não é realizado o tratamento adequado.[10]

O TB é classificado em tipo 1 e tipo 2. No tipo 1, houve, necessariamente, pelo menos um episódio de mania, sendo frequentes, mas não obrigatórios, os episódios de depressão. No tipo 2, nunca houve um episódio de mania, só de hipomania e de depressão. Uma forma atenuada de TB é a ciclotimia, ou transtorno ciclotímico. Na ciclotimia, por definição, nunca houve um episódio maníaco, hipomaníaco ou depressivo, mas o indivíduo apresenta uma alternância entre períodos de sintomas maníacos e períodos de sintomas depressivos; os períodos são muito numerosos e muito curtos – às vezes, dias –, e os sintomas, de muito leve intensidade. A duração mínima é de dois anos, e não pode haver remissão do quadro por mais de dois meses consecutivos.[11] Em função de seu curso praticamente contínuo e da baixa gravidade dos sintomas, a ciclotimia lembra um transtorno da personalidade, embora, no DSM-IV,[12] tenha sido classificada como um transtorno do humor, e, no DSM-5,[11] como pertencente ao grupo dos transtornos bipolares.

Quadros maníacos e depressivos podem ainda ser secundários a diversos fatores, como substâncias psicoativas, medicamentos e doenças não psiquiátricas. Por exemplo, a intoxicação por cocaína leva a uma síndrome maníaca; e o hipotireoidismo, a uma síndrome depressiva. No entanto, em casos como esses, o diagnóstico de TB não deve ser formulado, pois ele é, por definição, um transtorno mental primário, isto é, sem causa conhecida.[1,11]

O diagnóstico do TB é baseado unicamente em critérios clínicos, ou seja, na observação do comportamento do paciente, no relato dele e dos familiares e no estudo de sua história, já que não existem exames complementares que possam confirmá-lo. Ele deve ser diferenciado principalmente do transtorno depressivo maior (TDM), do transtorno esquizoafetivo do tipo bipolar (TEA-bp), da esquizofrenia (EQZ) e do transtorno da personalidade *borderline* (TPB).[1,11]

A síndrome depressiva também ocorre no TDM – ou depressão unipolar –, mas, nesse caso, em contraste com o TB, não há história de um episódio maníaco ou hipomaníaco. Sintomas psicóticos podem ou não estar presentes no TB, mas na EQZ e no TEA-bp são obrigatórios. No TB, sintomas psicóticos se manifestam exclusivamente durante os episódios de mania ou de depressão, enquanto que, no TEA-bp, eles aparecem durante os episódios de mania ou de depressão e também fora deles. Na EQZ, por definição, nunca houve um episódio maníaco ou depressivo. Por fim, vários aspectos distinguem o TPB do TB. Em primeiro lugar, no TPB, como em todo transtorno da personalidade, o curso é contínuo, não é episódico como no TB. O paciente que apresenta um TPB *é* daquele jeito – desde a adolescência ou antes –, não meramente *está* assim; as alterações flutuam quanto à intensidade, mas estão sempre presentes. No TPB, as oscilações de humor ocorrem de um dia para o outro ou mesmo dentro de 24 horas; no TB, contudo, o indivíduo se mantém em mania ou em depressão por meses em média. E, no TB, observam-se não apenas oscilações do humor mas também, e principalmente, dos níveis de energia e atividade motora, o que não é encontrado no TPB.[1,11]

Embora as causas do TB sejam ainda ignoradas, sabe-se que ele está relacionado a fatores genéticos, neuroquímicos, neuroendócrinos e psicológicos, entre outros.[13]

O TB acomete mais de 1% da população no mundo todo. As mulheres e os homens têm probabilidades equivalentes de desenvolver o tipo 1, mas o tipo 2 é mais comum no sexo feminino. Esse transtorno mental se inicia mais comumente na adolescência ou no início da vida adulta, mas pode começar em qualquer idade, inclusive na infância e na velhice.[14]

O TB altera enormemente o comportamento do indivíduo, afetando a sua capacidade para o trabalho ou estudo, assim como o relacionamento com as outras pessoas.[15] Trata-se de um transtorno mental grave e crônico. Nas fases de mania, em função da autoconfiança e do otimismo excessivos, o indivíduo se coloca com frequência em situações de risco: envolve-se em brigas, dirige em altíssima velocidade, atravessa a rua de forma descuidada, tem um comportamento sexual irresponsável ou abusa de álcool e drogas, por exemplo.[1,8] Além disso, mais de 10% dos bipolares, especialmente nos episódios depressivos ou nos mistos, se matam. Entre todos os transtornos mentais, o TB é aquele que apresenta a maior taxa de suicídio efetivado.[16]

Por outro lado, o TB prejudica também de forma muito significativa os familiares e cônjuges dos pacientes, causando neles um alto nível de estresse. Com frequência os cuidadores de pacientes com TB desenvolvem também um transtorno mental. Eles são especialmente afetados pelos comportamentos agressivos, atos e ideias suicidas, a agitação, o falar excessivo, os gastos financeiros impulsivos, o humor triste e o isolamento por parte dos pacientes. Não é raro que o TB esteja relacionado a separações conjugais.[17]

Muitas vezes os sintomas do TB são erroneamente interpretados pelas pessoas que convivem com os pacientes. Nesse sentido, por exemplo, o comportamento irresponsável, inconsequente ou agressivo durante a mania pode ser visto como falta de caráter; e a prostração na depressão, como preguiça. Assim, é de grande importância informar e educar os pacientes e seus familiares, assim como a população geral, sobre esse transtorno mental. É o que se chama de psicoeducação.[18]

Mesmo sofrendo muitos prejuízos no convívio com um indivíduo com TB, os familiares são de fundamental importância na evolução desse transtorno mental. É muito comum que o paciente não siga de forma adequada o tratamento, principalmente em função da ausência de consciência quanto a estar doente, na mania, ou da falta de motivação, na depressão.[19] Assim, os familiares frequentemente precisam supervisionar o uso dos medicamentos, acompanhar o paciente nas consultas médicas ou alertar o paciente ou o seu médico quanto ao surgimento dos primeiros sintomas de um novo episódio maníaco ou depressivo.

O TB é crônico e não tem cura, mas pode ser adequadamente controlado com o tratamento, o qual deve ser mantido até o fim da vida do paciente. O tratamento muda em função da fase da doença, isto é, na mania aguda é um, na depressão aguda é outro. Mesmo nas fases de eutimia, em que o indivíduo está assintomático, se faz o tratamento de manutenção, que tem como objetivo prevenir novos episódios maníacos ou depressivos.[14,20] São utilizados diversos medicamentos, especialmente o lítio – que reduz o risco de suicídio[21] e de evolução para demência –,[22] além de antipsicóticos atípicos, alguns anticonvulsivantes[14,23,24] e, em alguns casos, antidepressivos.[25] Em episódios agudos refratários aos medicamentos ou quando há efeitos colaterais intoleráveis com eles, a eletroconvulsoterapia é uma boa opção.[26] A psicoterapia não substitui o tratamento farmacológico, deve estar associada a ele.[27] Muitas vezes a internação psiquiátrica, de curto prazo, é necessária, especialmente para os pacientes deprimidos que apresentam alto risco de suicídio, e ainda nos casos de mania em que há pouca ou nenhuma consciência de morbidez ou quando o comportamento do paciente coloca em risco as outras pessoas ou a si próprio.

Referências

1. Goodwin FK, Jamison KR. Doença Maníaco-depressiva: transtorno bipolar e depressão recorrente. 2a. edição. Porto Alegre: Artmed; 2010.

2. Cheniaux E, Filgueiras A, Silva RDA Da, Silveira LAS, Nunes ALS, Landeira-Fernandez J. Increased energy/activity, not mood changes, is the core feature of mania. J Affect Disord. 2014;152–154(1):256-61.

3. Silva RA, Mograbi DC, Landeira-Fernandez J, Cheniaux E. O insight no transtorno bipolar: uma revisão sistemática. J Bras Psiquiatr. 2014 Sep;63(3):242-54.

4. Landeira-Fernandez J, Cheniaux E. Cinema e loucura: conhecendo os transtornos mentais através dos filmes. Porto Alegre: Artmed; 2010.

5. Burton C, McKinstry B, Szentagotai TA, Serrano-Blanco A, Pagliari C, Wolters M. Activity monitoring in patients with depression: a systematic review. J Affect Disord. 2013 Feb 15;145:21-8.

6. Barroilhet SA, Ghaemi SN. Psychopathology of Mixed States. Vol. 43, Psychiatric Clinics of North America. W.B. Saunders; 2020. p. 27-46.

7. Camelo EVM, Velasques B, Ribeiro P, Netto T, Cheniaux E. Attention impairment in bipolar disorder: A systematic review. Psychol Neurosci. 2013 Jul;6(3):299-309.

8. Cheniaux E. Manual de psicopatologia. 6a. edição. Rio de Janeiro: Guanabara-Koogan; 2021.

9. Novis F, Cirillo P, Silva RA, Santos AL, Silveira LA, Cardoso A, et al. The progression of 102 Brazilian patients with bipolar disorder: outcome of first 12 months of prospective follow-up. Trends Psychiatry Psychother. 2014 Jan;36:16-22.

10. Post RM. Transduction of psychosocial stress into the neurobiology of recurrent affective disorder. Am J Psychiatry. 1992 Aug;149(8):999-1010.

11. American Psychiatric Association. DSM-5: Manual Diagnóstico e Estatístico de Transtornos Mentais. 5a. ed. Porto Alegre: Artmed; 2014.

12. American Psychiatric Association. Manual diagnóstico e estatístico de transtornos mentais: DSMIV-TR. 4th ed. re. Porto Alegre: Artmed; 2002.

13. Grande I, Berk M, Birmaher B, Vieta E. Bipolar disorder. Lancet. 2016 Apr 9;387(10027):1561-72.

14. Carvalho AF, Firth J, Vieta E. Bipolar Disorder. Ropper AH, editor. N Engl J Med. 2020 Jul 2;383(1):58-66.

15. Gitlin MJ, Miklowitz DJ. The difficult lives of individuals with bipolar disorder: A review of functional outcomes and their implications for treatment. J Affect Disord. 2017;209:147-54.

16. Lage RR, Santana CMT, Nardi AE, Cheniaux E. Mixed states and suicidal behavior: a systematic review. Trends Psychiatry Psychother. 2019 Jun;41(2):191-200.

17. Pompili M. Impact of living with bipolar patients: Making sense of caregivers' burden. World J Psychiatry. 2014;4(1):1-12.

18. Soo SA, Zhang ZW, Khong SJ, Low JEW, Thambyrajah VS, Alhabsyi SHBT, et al. Randomized Controlled Trials of Psychoeducation Modalities in the Management of Bipolar Disorder: A Systematic Review. J Clin Psychiatry. 2018 Jun 27;79(3): 17r11750.

19. Ghosal S, Mallik N, Acharya R, Dasgupta G, Mondal DK, Pal A. Medication adherence in bipolar disorder: Exploring the role of predominant polarity. Int J Psychiatry Med. 2021 Jul 1;009121742110301.

20. Cheniaux E. The pharmacological treatment of bipolar disorder: a systematic and critical review of the methodological aspects of modern clinical trials. Rev Bras Psiquiatr. 2011 Mar;33(1):72-80.

21. Baldessarini RJ, Tondo L, Davis P, Pompili M, Goodwin FK, Hennen J. Decreased risk of suicides and attempts during long-term lithium treatment: A meta-analytic review. Bipolar Disord. 2006;8(5 II):625-39.

22. Velosa J, Delgado A, Finger E, Berk M, Kapczinski F, Azevedo Cardoso T. Risk of dementia in bipolar disorder and the interplay of lithium: a systematic review and meta-analyses. Acta Psychiatr Scand. 2020 Jun 11;141(6):510-21.

23. Silveira LAS, Demôro Novis F, Silva RO, Santos-Nunes AL, Guimarães Coscarelli P, Cheniaux E. Lamotrigine as an adjuvant treatment for acute bipolar depression: A Brazilian naturalistic study. Psychol Neurosci. 2013;6(1):109-13.

24. Cheniaux E, Dias A, Lessa JLM, Versiani M. Can lamotrigine induce switch into mania? Rev Psiquiatr do Rio Gd do Sul. 2005;27(2):206-9.

25. Cheniaux E, Nardi AE. Evaluating the efficacy and safety of antidepressants in patients with bipolar disorder. Expert Opin Drug Saf. 2019 Oct 3;18(10):893-913.

26. Versiani M, Cheniaux E, Landeira-Fernandez J. Efficacy and safety of electroconvulsive therapy in the treatment of bipolar disorder: a systematic review. JECT. 2011 Jun;27:153-64.

27. Costa RT, Cheniaux E, Rosaes PAL, Carvalho MR, Freire RCDR, Versiani M, et al. The effectiveness of cognitive behavioral group therapy in treating bipolar disorder: a randomized controlled study. Rev Bras Psiquiatr. 2011;33(2):144.

Introdução 2
Transtorno Bipolar, uma Doença Grave que Teria Vantagens Compensatórias

Muitos pacientes com transtorno bipolar (TB) julgam que a doença, ao lado de todo o sofrimento, prejuízo e limitações, lhes proporciona elementos positivos, como um aumento da sensibilidade, sexualidade, produtividade, extroversão e criatividade.[1] A psicóloga Kay Jamison,[2] importante pesquisadora sobre o TB e, além disso, acometida por esse transtorno mental, afirma que ele está relacionado a algumas vantagens significativas. Segundo ela, graças ao TB, ao longo de sua vida, seus sentimentos foram mais profundos, suas experiências, mais intensas, e seus pensamentos, mais aguçados. Entre essas possíveis vantagens compensatórias, a criatividade é a mais estudada.

Não existe um conceito único de criatividade, mas a maioria das definições enfatiza novidade, originalidade e utilidade como aspectos centrais de uma produção criativa.[3] Pessoas criativas se caracterizam por um pensamento divergente. Enquanto que o pensamento convergente está voltado para uma única resposta, a correta, o divergente alcança múltiplas e inesperadas respostas.[4]

A criatividade pode ser avaliada de forma objetiva. Diversas escalas foram desenvolvidas com essa finalidade. Entre elas, duas podem ser mencionadas: o *Barron-Welsh Art Scale* (BWAS)[5] e o *Creative Achievement Questionaire* (CAQ).[6] O BWAS é formado por 86 figuras em preto-e-branco com diferentes graus de complexidade e variados níveis de simetria. Os sujeitos indicam se gostam ou não das imagens. A preferência por alta complexidade e assimetria é considerada um indicador de criatividade. O CAQ, por sua vez, avalia o nível de realização criativa ao longo da vida alcançado em dez domínios: artes visuais, música, escrita, dança, teatro, arquitetura, humor, descoberta científica, invenção e culinária. Para cada domínio, os participantes devem se autoavaliar apontando um escore entre 0 (zero), que corresponde a "nenhum treinamento ou talento reconhecido nesta área", e 7 (sete), "níveis excepcionais de aclamação ou reconhecimento".

Acredita-se que exista algum tipo de relação entre criatividade e o TB. Em primeiro lugar, no estudo de biografias de artistas eminentes, com frequência são encontrados relatos bastante característicos de episódios maníacos – mais comumente hipomaníacos –, episódios depressivos e suicídios. Parece que, entre os grandes artistas, há uma representação desproporcional do TB em relação à população geral.[3,4] Kay Jamison[7] lista os seguintes nomes de pessoas que teriam sofrido de TB: Hemingway, Faulkner, Fitzgerald, Dickens, O'Neill, Woolf, Handel, Ives, Rachmaninoff, Tchaikovsky, Mingus, Charlie Parker, Lord Byron, Coleridge, Dickenson, Plath, Keats, Gauguin, O'Keefe, Munch, Pollock, Rothko, entre outros.

Alguns estudos avaliaram diretamente artistas vivos. Observou-se que eles, quando comparados com indivíduos com profissões não criativas, apresentaram prevalências elevadas de episódios depressivos, episódios maníacos e tentativas de suicídio, assim como de ciclotimia e de TB – especialmente do tipo 2. Além disso, entre os familiares dos artistas, foram encontrados mais casos de transtorno depressivo, de TB, de suicídio e de sintomas psicóticos do que entre os parentes dos indivíduos não criativos.[3,4] Por fim, um estudo populacional evidenciou que, entre pessoas que exerciam ocupações relacionadas a criatividade, havia uma taxa desproporcionalmente alta de TB na comparação com os demais trabalhadores.[8]

Entretanto, quando foram comparados com indivíduos saudáveis ou com pacientes com outros diagnósticos psiquiátricos, os pacientes com TB, de acordo com as escalas de avaliação, não apresentaram índices maiores de criatividade.[9] Por outro lado, em diversos outros estudos, evidenciou-se que indivíduos que sofriam de uma "forma atenuada" do TB ou eram considerados com alto risco para o desenvolvimento desse transtorno mental – ou seja, aqueles com o diagnóstico de ciclotimia, com histórico de hipomania ou que eram familiares de bipolares – apresentaram altos índices de realizações criativas, superiores aos encontrados nos indivíduos com TB.[3,4,10,11] Assim, levanta-se uma hipótese sobre a relação entre o TB e criatividade dentro de uma concepção dimensional. De acordo com ela, o excesso de elementos do TB seria altamente prejudicial, levando à doença propriamente dia, com episódios maníacos e depressivos francos. Todavia, esses mesmos elementos em um nível de menor intensidade – causando sintomas maníacos leves – fariam o indivíduo se distinguir das pessoas em geral e trariam vantagens quanto à capacidade criativa e a outros traços de personalidade positivos.[12] De fato, a observação clínica indica que os pacientes com TB ficam mais criativos e mais produtivos durante os períodos de hipomania. Na depressão, há falta de energia, interesse e atenção para realizar as atividades; e, na mania, ocorre aumento da energia, autoestima, autoconfiança e capacidade para associar ideias, mas faltam concentração para concluir as inúmeras tarefas que são iniciadas e capacidade crítica para avaliar a qualidade do que é produzido.[13] Em consonância com isso, nos poucos estudos que compararam as fases do TB quanto à capacidade criativa, os pacientes em depressão apresentaram os piores resultados, e aqueles em mania não se distinguiram dos eutímicos.

Todavia, a correlação entre hipomania e maior criatividade não pôde ser confirmada, porque em nenhum desses estudos havia um subgrupo formado unicamente por pacientes hipomaníacos.[9]

São listadas algumas características encontradas no TB, particularmente na fase de mania ou hipomania, que propiciariam uma maior produtividade criativa: impulsividade, desinibição, abertura a novas experiências, ambição, perseverança, autoconfiança, ousadia, grandiosidade, afetos positivos, aceleração do pensamento, maior fluência verbal, aumento da capacidade associativa, energia elevada e diminuição da necessidade de sono. Em contrapartida, raiva, hipersexualidade e perda da autocrítica, além de sintomas depressivos, seriam deletérios para a criatividade.[3,4]

Conclusão

A maioria dos artistas não sofre de um transtorno mental, e a maior parte dos indivíduos com TB não são criativos. Assim, a doença não dá talento ou criatividade a pessoa alguma. O que provavelmente acontece é que o TB, particularmente em suas formas mais leves ou durante a fase de hipomania, fornece algo como um combustível, fazendo com que a pessoa que já é criativa o seja ainda mais.[4]

Indivíduos que têm TB e são bem-sucedidos em suas profissões, especialmente quando seguem uma carreira artística, com frequência expressam preocupação quanto ao efeito do tratamento sobre a sua criatividade.[4] De fato, o lítio parece prejudicar a criatividade em pacientes com TB, o que não aconteceria em pessoas sem a doença.[3,4] Assim, o psiquiatra está diante de um desafio a mais no tratamento do TB: reduzir os sintomas, mas sem alterar a capacidade criativa e a produtividade do paciente.

Kay Jamison,[2,4] que em momento algum nega a gravidade do TB, expressa seu descontentamento em relação a um eventual mundo sem esse transtorno mental. Para ela, seria um mundo mais homogêneo e ameno, com menos cores, talento, entusiasmo e novidade.

Referências

1. Jamison KR, Gerner RH, Hammen C, Padesky C. Clouds and silver linings: Positive experiences associated with primary affective disorders. Am J Psychiatry. 1980;137(2):198-202.
2. Jamison KR. Uma mente inquieta. São Paulo: Martins Fontes; 2006.

3. Johnson SL, Murray G, Fredrickson B, Youngstrom EA, Hinshaw S, Bass JM, et al. Creativity and bipolar disorder: Touched by fire or burning with questions? Clin Psychol Rev. 2012 Feb;32(1):1-12.

4. Goodwin FK, Jamison KR. Doença Maníaco-depressiva: transtorno bipolar e depressão recorrente. 2a. edição. Porto Alegre: Artmed; 2010.

5. Barron F. Barron-Welsh Art Scale: A Portion of the Welsh Figure Preference Test. Palo Alto: Consulting Psychologists Press; 1963.

6. Carson SH, Peterson JB, Higgins DM. Reliability, validity, and factor structure of the creative achievement questionnaire. Creat Res J. 2005;17(1):37-50.

7. Jamison KR. Touched with fire: manic-depressive illness and the artistic temperament. New York: The Free Press; 1993.

8. Tremblay CH, Grosskopf S, Yang K. Brainstorm: occupational choice, bipolar illness and creativity. Econ Hum Biol. 2010 Jul;8(2):233-41.

9. Cruz TN da, Camelo EM, Nardi AE, Cheniaux E. Creativity in bipolar disorder: a systematic review. Trends Psychiatry Psychother. 2022 Dec 6; 44:e20210196.

10. Richards R, Kinney DK, Lunde I, Benet M, Merzel AP. Creativity in manic-depressives, cyclothymes, their normal relatives, and control subjects. J Abnorm Psychol. 1988 Aug;97(3):281-8.

11. Burkhardt E, Pfennig A, Breitling G, Pfeiffer S, Sauer C, Bechdolf A, et al. Creativity in persons at-risk for bipolar disorder—A pilot study. Early Interv Psychiatry. 2019 Oct 1;13(5):1165-72.

12. Greenwood TA. Creativity and Bipolar Disorder: A Shared Genetic Vulnerability. Annu Rev Clin Psychol. 2020 May 7;16(1):239-64.

13. Cruz T, Cheniaux E. Psiquiatria e cinema: a loucura de van Gogn nos filmes. In: Nardi A, Silva A, Quevedo J, editors. PROPSIQ Programa de atualização em Psiquiatria: Ciclo 10. Porto Alegre: Artmed Panamericana; 2021. p. 11-52.

Sumário

	Prefácio	VII
	Apresentação	IX
Introdução 1	Transtorno Bipolar, uma Doença Grave	XI
Introdução 2	Transtorno Bipolar, uma Doença Grave que Teria Vantagens Compensatórias	XIX
Capítulo 1	ALBERTO SANTOS-DUMONT	1
Capítulo 2	CARRIE FISHER	11
Capítulo 3	EDGAR ALLAN POE	19
Capítulo 4	ERNEST HEMINGWAY	25
Capítulo 5	GEORGE III DA INGLATERRA	33
Capítulo 6	KANYE WEST	39
Capítulo 7	KAY JAMISON	49
Capítulo 8	MARIA I DE PORTUGAL	55
Capítulo 9	PATRICK KENNEDY	61
Capítulo 10	RICHARD DREYFUSS	67
Capítulo 11	ROBERT SCHUMANN	75
Capítulo 12	STEPHEN FRY	81
Capítulo 13	SYLVIA PLATH	89

Capítulo 14	ULYSSES GUIMARÃES	97
Capítulo 15	VINCENT VAN GOGH	107
Capítulo 16	VIRGINIA WOOLF	117
Capítulo 17	VIVIEN LEIGH	123
	CONSIDERAÇÕES FINAIS	133

Capítulo I

ALBERTO SANTOS-DUMONT

Introdução

Alberto Santos-Dumont é um dos grandes heróis nacionais do Brasil. No nosso país, é considerado o inventor do avião, mérito que, contudo, no resto do mundo, é atribuído aos irmãos Wright, dos Estados Unidos.[1]

A história do adoecimento mental de Santos-Dumont é pouco conhecida, e muitas informações sobre isso, deliberadamente ou não, foram distorcidas. Por exemplo, quando ele se matou, foi montada uma farsa, e o médico legista, no atestado de óbito, de maneira fraudulenta, colocou como causa da morte "colapso cardíaco".[2] Além disso, as alterações do comportamento de Santos-Dumont foram atribuídas exclusivamente a uma doença neurológica, a esclerose múltipla, e a sua depressão foi vista como uma mera reação emocional ao uso do avião como arma na Primeira Guerra Mundial e na Revolução Constitucionalista do Brasil.[3]

Origens

Santos-Dumont nasceu em 20 de julho de 1873, em Minas Gerais, na cidade de Cabangu, que depois passaria a se chamar *Santos Dumont*.[3] Era o sexto filho em uma prole de oito e o mais novo dos três meninos. A família havia se mudado para lá porque seu pai, o engenheiro Henrique Dumont, fora contratado para trabalhar na construção de uma extensão da estrada-de-ferro Pedro II na região. Quando Santos-Dumont tinha seis anos de idade, seu pai comprou uma fazenda em São Sebastião do Ribeirão Preto, no interior de São Paulo, onde começou a plantar café. Mecanizou toda a produção e, em pouco tempo, enriqueceu, sendo apelidado pela imprensa de *rei do café*.[2]

Santos-Dumont, ainda criança, interessou-se por mecânica e aprendeu a consertar máquinas agrícolas. Aos sete anos, pilotava máquinas a vapor sobre rodas utilizadas para o transporte do café. Aos doze, guiou a locomotiva de um trem. Aos dezoito, trouxe para o Brasil um carro Peugeot, comprado em Paris e, assim, tornou-se a primeira pessoa a dirigir um automóvel na América do Sul.[2]

Leitor de Júlio Verne, Santos-Dumont desde pequeno era fascinado por ficção científica e acreditava que um dia o homem poderia voar. Aos dez anos de idade, fazia balões de papel, que enchia com ar quente do fogão.[2]

Em 1892, quando Santos-Dumont tinha dezenove anos, seu pai sofreu uma queda de um cavalo, bateu com a cabeça e ficou, de modo irreversível, hemiplégico. Incapacitado para o trabalho, vendeu sua fazenda e doou em vida sua herança para os filhos. Santos-Dumont recebeu o equivalente a meio milhão de dólares e foi enviado para Paris, onde, sem a preocupação em garantir o próprio sustento, deveria estudar mecânica.[2,4]

Façanhas, celebridade e esquecimento

Em Paris, em 1898, aos 24 anos, Santos-Dumont construiu o seu primeiro balão, ao qual deu o nome de *Brasil*. Nesse mesmo ano, começou a criar dirigíveis, que eram balões de hidrogênio acoplados a um motor. Em outubro de 1901, com o seu dirigível número 6, conquistou o prêmio Deutsch, realizando o desafio de fazer o balão voar por onze quilômetros, contornar a torre Eiffel e retornar ao ponto de partida em trinta minutos.[5] Em 1903, construiu o dirigível número 9, chamado de *Baladeuse*, considerado o primeiro carro aéreo do mundo. Santos-Dumont usava-o diariamente para visitar amigos, ir a restaurantes e fazer compras.[2]

A sua mais famosa invenção, sem dúvida, foi o 14-Bis, um aeroplano, que, em 1906, percorreu uma distância de 220 metros, a uma altura de seis metros, durante 21,02 segundos. Esse voo representa o primeiro de uma máquina mais pesada que o ar em uma exibição pública. O 14-Bis deu a Santos-Dumont, aos 33 anos, o prêmio do aeroclube da França e o consagrou, pelo menos em um primeiro momento, como o inventor do avião.[2,5]

Outra importante invenção de Santos-Dumont foi o *Demoiselle*, o número 20, que foi o primeiro avião esportivo do mundo. O aparelho, criado em 1909, estabeleceu um novo recorde de velocidade e alcançou sucesso comercial, com mais de cinquenta unidades produzidas.[2,5]

As façanhas de Santos-Dumont o tornaram mundialmente famoso nos primeiros anos do século XX. Prova do seu enorme prestígio é a lista de seus amigos próximos e companhias regulares em jantares quando vivia em Paris: Louis Cartier, o joalheiro; a princesa Isabel, filha de D. Pedro II; Gustave Eiffel, o arquiteto da torre; Antônio Prado Jr., filho de um embaixador brasileiro; membros da família de banqueiros Rothschild; a imperatriz Eugênia, viúva de Napoleão III; além de alguns reis, rainhas, duques e duquesas.[2]

A situação, contudo, se modificou com a entrada em cena dos irmãos Orville e Wilbur Wright, dos Estados Unidos. Em 1907, eles anunciaram ao mundo que, na Carolina do Norte, em 1903, portanto três anos antes de Santos-Dumont, já haviam realizado um voo com uma máquina mais pesada que o ar, o *Flyer*. Tinham trabalhado em segredo, e não houve verificação desse voo por alguma entidade credenciada. Em 1908, foram para a França, onde fizeram demonstrações públicas de seu aparelho e, em pouco tempo, acabaram sendo reconhecidos internacionalmente como os verdadeiros inventores do avião.[1,2] No entanto, ainda hoje, a primazia dos americanos é contestada no Brasil, com a alegação de que o *Flyer* precisou do auxílio de trilhos e de uma catapulta para decolar, diferentemente do 14-Bis, que alçou voo por seus próprios meios.[3]

Destronado pelos irmãos Wright, Santos-Dumont reclamava dos antigos amigos e admiradores que, segundo ele, o teriam abandonado. "Foi, agora posso dizer", escreveria mais tarde, "uma experiência penosa para mim ver – depois de todo o meu trabalho com dirigíveis e máquinas mais pesadas que o ar – a ingratidão daqueles que há pouco tempo me cobriam de glória".[2]

Aparência e personalidade

Santos-Dumont era um homem bastante franzino: sua altura era de 1,52 metro e seu peso variava em torno de cinquenta quilos.[3] Tentava disfarçar a baixa estatura com a sua indumentária: sapatos com saltos, ternos escuros com listras verticais, colarinhos altos, nó da gravata apertadíssimo, calças arregaçadas na bainha e um tanto curtas.[2,3] Tudo isso, somado ao chapéu-panamá, dava-lhe uma aparência elegante porém, ao mesmo tempo, extravagante.[2]

A fama e a glória eram a motivação para as suas realizações. Santos-Dumont não tinha interesses financeiros: não registrou as patentes dos seus inventos e doou todos os prêmios que recebeu. Preocupava-se muito com a sua imagem pública e tinha um grande prazer em se exibir, especialmente em seus voos.[2] Paradoxalmente, era muito tímido. Na infância, era descrito como solitário e sonhador. Na vida adulta, em reuniões sociais, mesmo com a família, quase nunca abria a boca. Tinha um medo intenso de falar em público.[2,3]

Santos-Dumont nunca se casou nem assumiu publicamente uma relação amorosa. Um de seus biógrafos[2] acredita que ele fosse homossexual. Na infância, não se interessava pelas brincadeiras e atividades mais tipicamente de meninos com seus irmãos. Sua voz e suas roupas foram descritas por jornalistas como pouco masculinas. Além disso, gostava de bordar, tricotar e praticar tapeçaria, hábitos tradicionalmente mais associados ao sexo feminino. Outro biógrafo,[1] em contraste, afirma que ele era mulherengo, pois com frequência era visto em situações públicas na companhia de belas moças. Além disso, em algumas cartas que escreveu para amigos, o inventor fez referências a envolvimentos amorosos com mulheres.

Depressão e suicídio

Há muitas lacunas relativas ao adoecimento mental de Santos-Dumont porque ele, em determinado momento, queimou muitas cartas e documentos.[3] Além disso, as clínicas em que se internou não guardaram os registros médicos.[2] No entanto, algumas informações sobre o que aconteceu com ele foram fornecidas por pessoas do seu convívio e pela imprensa da época.

Em 1910, aos 36 anos, Santos-Dumont decidiu abandonar a aviação. Queixando-se de visão dupla e de vertigens, consultou-se com um médico, que teria formulado o diagnóstico de esclerose múltipla.[3] Todavia, esse diagnóstico posteriormente iria ser contestado por diversos estudiosos, que acreditavam que Santos-Dumont já estava apresentando manifestações psiquiátricas.[2] De fato, nessa época, ele, sentindo-se esgotado, ficava recolhido em casa, totalmente isolado.[3] Poucos anos depois, durante a Primeira Guerra Mundial, referia sentir-se culpado pelo uso do avião como arma bélica. "Mais infame que o Diabo", teria dito sobre si mesmo.[2]

Nos anos 1920, Santos-Dumont foi diversas vezes internado em clínicas de repouso na Europa: no sanatório Préville, em Orthez, na França; e no sanatório de Valmont-sur-Territet, em Glion, na Suíça.[5] Há relatos de que ele apresentou perda do apetite, falta de força,[2] tristeza e desesperança.[5] No Brasil, o aviador consultou-se com dois dos mais eminentes psiquiatras brasileiros: Juliano Moreira, em 1925, e Henrique Roxo, em 1927.[1,6] Em 1927, foi retirado pelo sobrinho Jorge Dumont-Villares da clínica da Suíça, após uma longa internação. Em 1928, em seu retorno ao Brasil, presenciou a morte de doze intelectuais e cientistas que foram saudá-lo a bordo de um hidroavião que explodiu. Nas semanas seguintes, ficou trancado no hotel Copacabana Palace, de onde só saía para participar dos funerais das vítimas do acidente.[2]

Em 1930, em Paris, Santos-Dumont parou de comer e de falar e se trancou em seu quarto. Em seguida, foi reinternado em Orthez. Na clínica, sentia-se desanimado e tentou o suicídio com medicamentos.[1] Em 1931, outra hospitalização, agora no sanatório Biarritz, também na França.[5] Nesse mesmo ano, foi novamente Jorge quem o retirou da clínica, levando-o de volta ao Brasil, a bordo no vapor Lutetia. Durante a viagem, Santos-Dumont tentou o suicídio outra vez – não se sabe de que modo –, tendo sido salvo por seu sobrinho.[7]

Em 1932, Santos-Dumont voltou a expressar remorso em decorrência do uso do avião como arma de guerra, dessa vez no Brasil, durante a Revolução Constitucionalista. "Inventei uma desgraça para o mundo", lamuriou-se.[1] Por sugestão do médico que então o assistia, o Dr. Sinésio Rangel Pestana, foi passar uma temporada no balneário do Guarujá, em São Paulo, em companhia do sobrinho Jorge. Nessa cidade, no dia 23 de julho do mesmo ano, cometeu suicídio. Seu corpo, extremamente emagrecido, foi encontrado pendurado pelo pescoço com duas gravatas no cano do chuveiro do seu quarto, no Grande Hotel La Plage. Tinha 59 anos.[3,5] A propósito, sua mãe também havia se matado, em 1902, em Portugal.[2]

Outras possíveis manifestações psiquiátricas

Alguns relatos sobre Santos-Dumont indicam claramente a presença de alterações do humor e da atividade motora. Um dos seu biógrafos,[3] quando fala em agravamento da doença do aviador, traz as seguintes informações: "(...) ele se tornava cada vez mais inquieto, nervoso, agitado, instável. Vivia em movimento constante, sempre viajando. Qualquer coisinha o irritava, até mesmo os mínimos ruídos". Yolanda Penteado, dama da sociedade paulista que foi amiga de Santos-Dumont, por sua vez, fez esta observação sobre ele: "As pessoas que o conheciam melhor diziam que, quando ele me via, ficava elétrico. Ele andava muito a pé. Fazia alpinismo, e quando o conheci tinha por hábito subir e descer a pé o morro do Corcovado".[3] Em 1916, ao conhecer as Cataratas do Iguaçu, Santos-Dumont resolveu procurar o presidente do estado do Paraná para sugerir que a área fosse desapropriada e transformada em um parque público. Para ir de Foz do Iguaçu a Curitiba, cavalgou por seis dias seguidos, percorrendo mais de trezentos quilômetros de mata virgem e, em seguida, ainda pegou um carro e um trem.[7] Por fim, é bastante significativa a descrição de como ele estava ao desembarcar de um navio no Rio de Janeiro, vindo da Europa, após uma viagem durante a qual havia tentado o suicídio: "Os jornalistas, como já haviam feito os demais a bordo, perceberam que o inventor não era o mesmo retraído e discreto de sempre. Falava, agitava-se, exibia-se. Queria que todos vissem e embasbacassem".[3]

Ao longo dos anos, em períodos em que não parecia estar deprimido, por várias vezes Santos-Dumont apresentou comportamentos considerados inadequados ou surpreendentes por aqueles que os presenciaram. Três episódios dessa natureza ocorreram no ano de 1916. O primeiro foi em janeiro, no Congresso

Científico Pan-americano, realizado nos Estados Unidos. Durante o evento, o aviador, que sempre fora um pacifista militante, defendeu o uso do avião como arma de guerra,[3] o que voltaria a fazer no livro de sua autoria intitulado *O que eu vi, o que nós veremos*.[8] Em março do mesmo ano, agora no Congresso Pan-americano da Aeronáutica, no Chile, chocou o diplomata brasileiro Luís Gurgel do Amaral quando, de maneira inesperada, referindo-se a prostitutas, fez-lhe a seguinte pergunta: "Seu Amaral, como vamos aqui de mulherzinhas?".[3] E, em abril, nas Cataratas do Iguaçu, equilibrou-se sobre uma tora à beira de um abismo – o local se chama Garganta do Diabo. As pessoas em volta se desesperaram, mas Santos-Dumont parecia estar extremamente tranquilo.[1] Anos mais tarde, em uma época em que residia na cidade de Petrópolis, o inventor recorrentemente confidenciava a jovens desconhecidos que casualmente encontrava pelas ruas suas "aventuras nos cabarés de Paris".[3] Por fim, em 1926, na França, fez uma visita ao empresário Gabriel Voisin, seu colaborador na criação do 14-Bis, durante a qual pediu para desposar a filha dele, embora mal a conhecesse e fosse mais de trinta anos mais velho do que ela.[2]

De acordo com um levantamento realizado em 1899, até aquele ano quase duzentas pessoas já tinham morrido em acidentes com balões.[2] Assim, chamam muito a atenção os riscos a que Santos-Dumont se submetia testando as máquinas voadoras que inventou. De fato, ele sofreu diversos acidentes, embora nunca tenha se machucado gravemente. Em várias oportunidades foi visto, em pleno voo em um dirigível, saindo da cesta para consertar algum defeito no motor ou nos cabos. Certa vez, o seu número 5 bateu contra o telhado do hotel Trocadero, em Paris. O balão explodiu, produzindo um estrondo assustador, e o aviador ficou pendurado por um cabo na parede do hotel, em uma altura de quinze metros, até ser içado com uma corda para o teto pelos bombeiros. O impressionante é que, nessas situações, Santos-Dumont não expressava medo algum e, muitas vezes, logo após a queda, já voltava a trabalhar no aparelho danificado.[2,3]

Após abandonar a aviação, Santos-Dumont dedicou-se a outras invenções. Essas invenções são tidas como bizarras e parecem ser a expressão de um transtorno mental. Nos anos 1920, durante uma internação, ele tentou voar com penas coladas aos braços e com asas mecânicas ligadas a um motor que estava dentro de uma mochila pendurada em suas costas. Quando ia saltar pela janela, foi salvo por uma enfermeira.[2] Outras estranhas criações suas foram: o transformador marciano, no qual uma hélice colocada nas costas de esquiadores os ajudaria a subir montanhas cobertas de neve, em 1928;[3] um estilingue capaz de lançar um colete salva-vidas para uma pessoa que estivesse se afogando, nos anos 1920; um mecanismo que arrastava um petisco diante dos cães em corridas, também nos anos 1920;[2] e um aparelho voador individual, amarrado às costas, em 1931.[3]

Discussão

Sem dúvida, formular o diagnóstico psiquiátrico de um indivíduo sem examiná-lo diretamente e com base apenas em biografias tem valor bastante limitado, ainda mais quando esse indivíduo é Santos-Dumont. Em primeiro lugar, porque são muito escassos os registros médicos sobre o seu caso. Além disso, é bastante provável que muitas informações tenham sido propositalmente ocultadas, pois, em se tratando de um herói nacional, seria prejudicial à sua imagem associá-lo a algo tão estigmatizante na sociedade quanto uma doença mental. A fraude na elaboração de seu atestado de óbito, para que não se soubesse que ele tinha cometido suicídio, dá respaldo a essa especulação. Todavia, a partir dos relatos disponíveis sobre a vida e o comportamento de Santos-Dumont, é possível fazer um exercício semiológico e nosológico sobre o seu adoecimento mental, o qual teria um caráter didático ou, pelo menos, lúdico.

Parece claro que Santos-Dumont apresentou, desde os 36 anos de idade, diversos sintomas depressivos. São referidos prostração, desânimo, tristeza, desesperança, isolamento social, mutismo, anorexia, emagrecimento extremo, sentimento de culpa e tentativas de suicídio.[9] Do ponto de vista clínico, não faz sentido atribuir ao uso do avião em conflitos bélicos a depressão do inventor. A doença de Santos-Dumont iniciou-se em 1910, portanto, quatro anos antes da Primeira Guerra Mundial. Ideias de culpa, muitas vezes deliroides, são comuns na depressão.[9] Assim, os remorsos que ele tinha por haver inventado o avião são provavelmente sintomas de sua doença, e não a sua causa. Além disso, como vimos, a primazia de Santos-Dumont quanto ao primeiro voo de uma máquina mais pesada do que o ar já não era amplamente aceita em 1910.

A depressão de Santos-Dumont aparentemente tinha um curso episódico. De acordo com os atuais sistemas classificatórios em psiquiatria, diante da ocorrência de episódios depressivos primários e recorrentes, a dúvida quanto ao diagnóstico nosológico fica entre o transtorno bipolar (TB), quando houve ainda episódios maníacos ou hipomaníacos, e o transtorno depressivo maior, quando episódios maníacos ou hipomaníacos estão ausentes.[10]

Há diversos indícios de que Santos-Dumont sofria de TB. Como já mencionado, em várias oportunidades ele apresentou euforia, irritabilidade, aumento da atividade motora, desinibição e comportamentos inadequados, que são alterações típicas da síndrome maníaca.[11] Os riscos em que se colocava voando a grandes alturas a bordo de seus inventos podem perfeitamente ter sido a expressão da coragem e heroísmo de Santos-Dumont. Contudo, não se pode esquecer que ausência de medo e autoconfiança excessiva são alterações observadas na mania. Por fim, as suas últimas invenções, consideradas bizarras, poderiam ser explicadas por uma perda da capacidade crítica, o que também ocorre na síndrome maníaca.[9]

Com relação ao diagnóstico de esclerose múltipla, pode-se dizer que é bastante duvidoso. Nessa doença inflamatória do sistema nervoso central de natureza autoimune,[12] de fato, eventualmente ocorrem visão dupla e vertigem.[13] No entanto, esses foram os dois únicos sintomas de esclerose múltipla que Santos-Dumont teria apresentado, os quais, além disso, são inespecíficos. Por outro lado, essa doença neurológica está associada a altas taxas de comorbidade com transtornos mentais: por exemplo, 23,7% apresentam depressão; e 5,83%, TB.[14]

A doença mental de Santos-Dumont teve um desfecho trágico: ele se matou aos 59 anos. Entre os transtornos mentais, o TB é o que está mais associado ao suicídio, especialmente durante os episódios depressivos e os mistos.[15] Uma história familiar de suicídio está entre os fatores de risco para o suicídio;[9] e, como mencionado, a mãe do aviador também havia tirado a própria vida.

Nota

Uma versão anterior do texto deste capítulo, em inglês e com algumas diferenças quanto ao conteúdo, foi publicada como artigo no Jornal Brasileiro de Psiquiatria.[16] O periódico autorizou formalmente esta nova publicação neste livro.

Referências

1. Drumond CD. Alberto Santos-Dumont: novas revelações. São Paulo: Editora de Cultura; 2009.
2. Hoffman P. Asas da loucura: a extraordinária vida de Santos-Dumont. Rio de Janeiro: Objetiva; 2003.
3. Jorge F. As lutas, a glória e o martírio de Santos Dumont. Nova York: HarperCollins Brasil; 2018.
4. Demartini Z, Gatto LAM, Lages RO, Koppe GL. Henrique Dumont: How a traumatic brain injury contributed to the development of the airplane. Arq Neuropsiquiatr. 2019;77(1):60-2.
5. Nunhez R. Nas alturas: uma biografia de Santos-Dumont. Sem editora; 2014.
6. Viegas L. Santos Dumont [Internet]. Globo.com. Available from: http://especiais.santos-dumont.eptv.g1.globo.com/
7. Garbin L. Especial Santos-Dumont [Internet]. Estadão. Available from: https://infograficos.estadao.com.br/especiais/a-redescoberta-de-santos-dumont/

8. Santos-Dumont A. O que eu vi, o que nós veremos. São Bernardo do Campo: KZK; 2014.

9. Goodwin FK, Jamison KR. Doença Maníaco-depressiva: transtorno bipolar e depressão recorrente. 2a. edição. Porto Alegre: Artmed; 2010.

10. American Psychiatric Association. DSM-5: Manual Diagnóstico e Estatístico de Transtornos Mentais. 5a. ed. Porto Alegre: Artmed; 2014.

11. Cheniaux E, Filgueiras A, Silva RDA Da, Silveira LAS, Nunes ALS, Landeira-Fernandez J. Increased energy/activity, not mood changes, is the core feature of mania. J Affect Disord. 2014;152–154(1):256-61.

12. Silveira C, Guedes R, Maia D, Curral R, Coelho R. Neuropsychiatric symptoms of multiple sclerosis: State of the art. Psychiatry Investig. 2019;16(12):877-88.

13. Politte LC, Huffman JC, Stern TA. Rounds in the General Hospital: Neuropsychiatric Manifestations of Multiple Sclerosis. Prim Care Companion J Clin Psychiatry. 2008;10(4):318-24.

14. Marrie RA, Reingold S, Cohen J, Stuve O, Trojano M, Sorensen PS, et al. The incidence and prevalence of psychiatric disorders in multiple sclerosis: A systematic review. Mult Scler J. 2015;21(3):305-17.

15. Lage RR, Santana CMT, Nardi AE, Cheniaux E. Mixed states and suicidal behavior: a systematic review. Trends Psychiatry Psychother. 2019 Jun;41(2):191-200.

16. Cheniaux E. The bipolarity of Alberto Santos-Dumont: flights and falls of the "Father of Aviation." J Bras Psiquiatr. 2022 Mar;71(1):63-8.

Capítulo 2

CARRIE FISHER

Introdução

Carrie Frances Fisher era atriz, autora de livros e roteirista de cinema. Tornou-se mundialmente famosa por interpretar a princesa Leia na série de filmes *Guerra nas estrelas*.[1-5]

Ela sofria de transtorno bipolar (TB) e fazia uso abusivo de drogas, tanto lícitas quanto ilícitas. Foi uma das primeiras celebridades a revelar publicamente sua luta contra esses graves problemas,[6] o que fez em entrevistas,[7] palestras[8] e livros semiautobiográficos.[9,10] Além disso, tornou-se ativista em prol da saúde mental e no combate ao estigma relativo às doenças psiquiátricas e à eletroconvulsoterapia (ECT).[6,11,12] Em reconhecimento à sua atuação nessa área, em 2016, ano de sua morte, foi homenageada pela Universidade de Harvard, que lhe concedeu o prêmio *Outstanding Lifetime Achievement* em humanismo cultural.[13]

Família e vida amorosa

Carrie Fisher nasceu em Burbank, no estado americano da Califórnia, em 21 de outubro de 1956. Era filha de Debbie Reynolds, grande estrela de Hollywood na década de 1950,[6] atriz principal de um dos maiores musicais de todos os tempos, *Cantando na chuva*.[14] Seu pai era o famoso cantor Eddie Fischer.[6] Debbie e Eddie tiveram, dois anos depois, outro filho, chamado Todd, que se tornaria ator, diretor, cineasta e produtor de documentários e filmes para a TV.[15] Carrie viria a ter ainda dois meios-irmãos, por parte de pai.[8]

Quando Carrie tinha dois anos de idade, seu pai se apaixonou pela também grande estrela de Hollywood Elizabeth Taylor, recém-viúva, e, de uma hora para outra, saiu de casa para viver com ela. Foi um grande escândalo, muito explorado pela mídia na época.[8] Em 1959, Eddie e Debbie se divorciaram oficialmente. Carrie referia ter sido muito afetada pela separação dos pais. Continuou a morar com sua mãe, porém, como Debbie estava sempre trabalhando, foi criada mais pela avó materna e por uma babá, ambas descritas por Carrie como pessoas abusivas.[6]

O relacionamento de Carrie Fisher com sua mãe representa um capítulo à parte em sua vida e foi descrito em grande monta em um livro de sua autoria, *Postcards from the Edge*,[9] que a própria Carrie mais tarde transformaria no roteiro do filme *Lembranças de Hollywood*.[8,16] No filme, Meryl Streep e Shirley MacLaine interpretam, respectivamente, Carrie e Debbie, com os nomes mudados para *Suzanne* e *Doris*. Na tela, a filha, dependente química, se mostra uma mulher insegura e frágil; a mãe, por sua vez, é retratada como narcisista, egocêntrica e controladora, além de alcoólatra. Na vida real, mãe e filha foram muito próximas uma da outra, tanto afetiva como geograficamente, pois foram vizinhas durante a maior parte da vida adulta de Carrie.[8] Debbie era muito protetora com relação a Carrie e a incentivava a investir na carreira artística, pois acreditava muito no seu talento. Entre 2015 e 2016, Debbie estava muito doente, teve dois derrames e contraiu pneumonia. No dia 27 de dezembro de 2016, aos 60 anos, Carrie morreu, vítima de um ataque cardíaco. Exatamente no dia seguinte, Debbie, aos 84 anos, sofreu outro derrame e também morreu. Os corpos de mãe e filha foram velados no mesmo funeral, em 30 de dezembro.[6,8]

Carrie acreditava que o pai, do mesmo modo que ela, sofria de TB, embora ele nunca tenha recebido esse diagnóstico. "Ele comprou duzentos ternos em Hong Kong, foi casado seis vezes e faliu quatro. É uma loucura", relatou. Eddie Fisher, além disso, era dependente de cocaína, tendo sido internado para tratamento pelo menos uma vez. Morreu em 2010, depois de anos confinado a uma cadeira-de-rodas, em virtude de dois derrames.[6,12]

Carrie casou-se com o cantor e compositor Paul Simon, em agosto de 1983. O casamento durou apenas onze meses, mas eles mantiveram um relacionamento amoroso até 1991.[8,12] Nesse ano, ela começou a namorar o agente de talentos de Nova York Bryan Lourd. Em julho de 1992, nasceu a filha do casal, que recebeu o nome de Billie Lourd. No final do ano seguinte, Bryan rompeu com Carrie, revelando a ela que era homossexual e que iria morar com outro homem.[6,8] Ela retratou a experiência de seu relacionamento com Bryan em seu livro *The Best Awful*.[17]

Lembranças de Hollywood

Desde muito cedo, estava claro que Carrie Fisher iria seguir a carreira de Debbie Reynolds. Com quatro ou cinco anos de idade, de dentro de um armário, já encenava para a mãe e o irmão pequenas peças de teatro que ela mesma havia escrito. No ensino fundamental, teve seu talento como cantora reconhecido por uma professora de música. No ensino médio, frequentou aulas de canto e de teatro. Em 1974, aos dezessete anos, abandonou o colégio antes de se formar e se mudou para Londres, onde ingressou em uma escola de teatro.[6,8]

Ainda com dezessete anos, Fisher estreou no cinema, atuando na comédia dramática *Shampoo*,[18] que teve Warren Beatty, Julie Christie e Goldie Hawn nos papéis principais. Na mesma época, subiu ao palco profissionalmente pela primeira vez, integrando o coro de um musical na Broadway estrelado por sua mãe.[6,8]

No início de 1976, aos dezenove anos, Fisher ganhou o papel da princesa Leia Organa no primeiro filme da saga *Guerra nas estrelas*,[1] lançado no ano seguinte. Durante as filmagens, iniciou um relacionamento amoroso com Harrison Ford, colega de elenco, que durou três meses.[6] Além de suas participações nas sequências de *Guerra nas estrelas*, atuou em diversos outros filmes importantes, como *Os irmãos cara de pau* (1980),[19] *Hannah e suas irmãs* (1986),[20] *Meus vizinhos são um terror* (1989)[21] e *Harry e Sally: feitos um para o outro* (1989).[22] Diversas vezes interpretou personagens sarcásticos, reproduzindo na tela o tipo de humor que a caracterizava na vida real.[6,8]

Desde a infância, Fisher era uma leitora voraz. Na juventude, estava continuamente escrevendo, principalmente contos e anotações em um diário.[6] A partir de 1987, publicou romances semiautobiográficos, como *Postcards from the Edge*,[9] *The Best Awful*,[17] *Wishful Drinking*[10] e *Shockaholic*,[23] nos quais abordou, dentre outras coisas, a sua dependência química e a experiência de sofrer de TB.

Como escritora, foi ainda roteirista de filmes de cinema e de programas da televisão. Começou em 1990, quando escreveu o roteiro de *Lembranças de Hollywood*,[16] que deu a ela um prêmio BAFTA.[24] Além disso, durante muitos anos, foi uma revisora de roteiros cinematográficos muito demandada e bem-paga, embora não creditada.[8]

Drogas como automedicação para a bipolaridade

Em um documentário de 2006, Fisher descreveu sua doença, o TB, mais exatamente os períodos de exaltação maníaca: "Galopar em alta velocidade é melhor do que qualquer droga que você possa tomar. Deus, se você quiser, arranja vagas para você. Canções são tocadas no rádio para você. Você é tão interessada nas pessoas. Todo o mundo deve se interessar por você. 'Vamos, tive uma ótima ideia! Uma ideia incrível! Vamos para a Índia!' Aí você começa a ir rápido demais. Mais rápido do que todos à sua volta, e isso não é legal. Você fala demais ao telefone, não dorme direito. Nada é rápido o suficiente para você. 'Vamos, me acompanhem, pessoal!' E mesmo que você não seja o mais talentoso, quando você é bipolar, você pensa que é. Você sobe em um palanque e discursa para o mundo. Você tem muito a dizer, tem mensagens do espaço sideral. Fiquei acordada durante seis dias e entrei em parafuso. Um amigo me perguntou: 'O seu médico sabe que você se comporta assim?'. Não entendi, e começamos a discutir. Chorei durante quatro horas, sem conseguir parar. Percebi que havia algo de errado. Liguei para uma médica, fui à consulta. Conversamos. Ri. Eu girava na cadeira."[25] Com base em sua autodescrição, podemos listar as seguintes alterações psicopatológicas: ideias deliroides de grandeza, aumento da autoestima, aceleração do pensamento, logorreia (fala excessiva), diminuição da necessidade de sono, labilidade (ou instabilidade) do humor, euforia e agitação psicomotora.

Além desses, outros sintomas maníacos foram observados pelas pessoas que a conheceram. Por exemplo, ela fazia gastos financeiros excessivos: "uma vez comprou 25 camisolas vitorianas e depois as ofereceu a todas as suas amigas". Costumava dar dinheiro para os amigos e para mendigos na rua. Muito impulsiva, certa vez sumiu de casa por uma semana, indo parar em um estúdio de tatuagem no outro lado da cidade. Com frequência, dava grandes festas, nas quais sempre era muito falante e engraçada, "fazendo piadas sobre seus pais, entregando-se a jogos de palavras selvagens e espirituosos". Sentia-se com muita energia e "rápida demais" e era capaz de falar ao telefone por mais de oito horas sem parar. "Eu conseguia ser brilhante. Nunca tive que procurar muito por uma palavra, um pensamento, uma conexão, uma piada, qualquer coisa", contou.[6,12]

Em 1997, quando tinha quarenta anos, Fisher provavelmente apresentou um episódio de depressão. "Fiquei incrivelmente deprimida", referiu. Tinha dificuldade de se levantar da cama pela manhã, o que lhe parecia "a coisa mais complicada do mundo". Consultou-se com um psiquiatra, que lhe prescreveu um medicamento, o qual lhe causou um desmaio. Em seguida, pode ter virado para a mania, pois não conseguiu dormir por seis dias consecutivos e ficava "falando e falando e falando". Então foi internada. No hospital, assistindo ao noticiário da televisão, acreditou ser um assassino serial que estava foragido e, ao mesmo tempo, o policial que o perseguia. Além disso, tinha alucinações visuais: via "cidades futuristas pela janela" e "uma bela luz dourada saindo de sua cabeça". Recebeu alta em trinta dias e, depois, seguiu tratamento ambulatorial por cinco meses.[6,12]

No início de 2013, aos 56 anos, a atriz e escritora apresentou um episódio maníaco em um navio. Ela havia sido contratada para um show em um cruzeiro marítimo. Durante a apresentação, parecia "confusa" e "desorientada" e perguntava a dois homens sentados em um sofá o que deveria cantar. Fisher descreveu assim o seu comportamento: "Eu estava escrevendo em tudo. Escrevia em livros, teria escrito em paredes. Eu literalmente me curvava e escrevia no chão, e alguém tentava falar comigo, e eu não conseguia responder". Na época, fazia uso de quetiapina, que é um antipsicótico usado no TB. Em função de seu estado, foi desembarcada e, em seguida, hospitalizada.[6]

Fisher, com seu humor sarcástico, deu apelidos às duas fases da doença, mania e depressão: o "brincalhão Roy" era "o passeio selvagem de um humor"; e a "Pam sedimento", a que "se senta na praia e soluça".[6]

Fisher recebeu o diagnóstico de TB pela primeira vez aos 24 anos de idade, mas, nesse primeiro momento, o rejeitou. Só admitiu ser bipolar após nova avaliação médica, quatro anos depois. Na época, estava sem usar drogas e, assim, não podia mais atribuir a elas as suas alterações de comportamento e de humor. Então iniciou o tratamento, mas o fazia de maneira irregular, várias vezes interrompendo o uso dos medicamentos. Ficava muito incomodada com os efeitos colaterais deles, como aumento de peso e diminuição de sua criatividade. Apesar de sua resistência ao tratamento, aceitou ser submetida a ECT.[6,26]

A artista disse que usava drogas como um modo de automedicação para controlar os sintomas do TB. Segundo ela, as drogas a faziam se "sentir mais normal", a "continham". Por outro lado, contudo, reconheceu que tomava oxicodona, um analgésico opioide, para induzir um estado semelhante ao da mania.[12,24]

Na adolescência, experimentou pela primeira vez cocaína. Durante muitos anos, fez ainda uso abusivo de benzodiazepínicos, que são medicamentos indicados para tratar ansiedade ou insônia, além de LSD e maconha. Como consequência de sua dependência química, foi internada pelo menos uma vez em uma clínica de reabilitação e, além disso, perdeu a guarda de sua filha. Por algum tempo, Fisher frequentava regularmente reuniões dos Alcoólicos Anônimos, embora não haja informações mais claras de que também sofresse de alcoolismo.[6,12,26]

O problema de Fisher com as drogas pode ter se originado muito precocemente. À noite, depois de um longo dia de trabalho, Debbie Reynolds costumava dar tranquilizantes para a filha, ainda criança, para fazê-la dormir.[6]

Fisher só se tornou consciente de que era dependente química aos 28 anos, quando teve uma overdose. Foi encontrada desmaiada dentro de casa e levada para um hospital, onde foi submetida a lavagem gástrica.[6,12,24] Posteriormente, ela iria retratar esse episódio em seu livro *Postcards from the Edge*[9] e no roteiro do filme *Lembranças de Hollywood*.[16]

A consciência quanto ao seu problema com as drogas, no entanto, não a impediu de recorrentemente voltar a usá-las. A causa oficial da morte de Fisher foi um ataque cardíaco, porém os legistas detectaram em seu organismo a presença de cocaína, álcool, um opioide e um derivado da anfetamina.[6]

Discussão

No curso da doença de Fisher, parece ter havido mais episódios maníacos do que depressivos. Os episódios maníacos, na maior parte do tempo, podem ter sido de leve intensidade – ou seja, hipomania –, com mais euforia do que irritabilidade. Assim, até determinada época pelo menos, ela vivenciava os sintomas do TB como algo prazeroso e vantajoso e não se considerava doente, culpando as drogas por seus problemas. De fato, uma baixa consciência de morbidez é muito comum no TB, principalmente nas fases de mania. Uma consequência direta disso é a baixa adesão ao tratamento,[27,28] o que foi observado no caso da artista. Cerca de metade dos pacientes com TB não toma adequadamente seus medicamentos.[29]

A ocorrência de efeitos colaterais é, sem dúvida, outro elemento que prejudica a adesão ao tratamento medicamentoso. Fisher apresentou aumento de peso, e, realmente, a maioria dos fármacos utilizados no TB tem esse efeito. Isso, contudo, pode ser muitas vezes suficientemente compensado se o paciente adota hábitos alimentares saudáveis e realiza atividades físicas regulares.[30] Ela também se preocupava com a diminuição de sua criatividade, que teria sido causada pelo tratamento. Dados científicos indicam que o lítio poderia, sim, reduzir a capacidade de associar ideias, porém não em indivíduos normais, somente em pacientes com TB, à medida que leva a uma melhora dos sintomas maníacos.[31]

Fisher foi submetida a diversões sessões de ECT. No TB, essa modalidade terapêutica é comprovadamente eficaz nas fases de mania e de depressão e eventualmente é útil como tratamento de manutenção. Em geral, ela é empregada nos casos refratários aos medicamentos ou quando estes causam efeitos adversos intoleráveis. O procedimento é inteiramente indolor, mas pode levar a um prejuízo da memória, que tende a ser transitório.[32,33]

A atriz e escritora apresentava, em concomitância com o TB, um quadro grave de dependência química. De fato, é bastante comum a comorbidade entre o TB e um transtorno de uso de substâncias. O consumo recorrente de álcool ou de outras drogas está fortemente relacionado a uma pior evolução do TB.[34-36]

O TB está associado a um estigma significativo na sociedade. A discriminação e os preconceitos de que são vítimas os indivíduos acometidos por esse transtorno mental lhes causam prejuízos funcionais e ocupacionais, além de ansiedade.[37] Pronunciando-se aberta e publicamente sobre a sua doença, Fisher prestou um serviço altamente relevante no combate contra o estigma.

Referências

1. Lucas G. Guerras nas estrelas. Estados Unidos: Twentieth Century Fox; 1977.

2. Kershner I. O Império Contra-Ataca. Estados Unidos: Lucasfilm; 1980.

3. Marquand R. Star Wars, Episódio VI: O Retorno do Jedi. Estados Unidos: Lucasfilm; 1983.

4. Abrams JJ. Star Wars: O Despertar da Força. Estados Unidos: Lucasfilm; 2015.

5. Johnson R. Star Wars: Os Últimos Jedi. Estados Unidos: Walt Disney Pictures; 2017.

6. Weller S. Carrie Fisher: A Life on the Edge. New York: Farrar, Straus and Giroux; 2019.

7. Taste W. Stephen Fry: The secret Life of a Manic Depressive (part 1) [Internet]. YouTube. 2014. Available from: https://www.youtube.com/watch?app=desktop&v=_yT_F0dMZRU

8. Carrie Fisher: biography [Internet]. IMDb. Available from: https://www.imdb.com/name/nm0000402/bio?ref_=nm_ov_bio_sm

9. Fisher C. Postcards from the Edge. New York: Simon & Schuster; 1987.

10. Fisher C, Ravetch J. Wishful Drinking. New York: Simon & Schuster; 2008.

11. Val M. Carrie Fisher: o legado de esperança para quem vive com transtornos mentais [Internet]. Jovem Nerd. 2016. Available from: https://jovemnerd.com.br/nerdbunker/carrie-fisher-general-da-esperanca-de-quem-vive-com-transtornos-mentais/

12. Ma L. Interview: The Fisher Queen [Internet]. Psychology Today. 2001. Available from: https://www.psychologytoday.com/us/articles/200111/interview-the-fisher-queen

13. Blackwell J. Carrie Fisher of 'Star Wars' fame continues the battle [Internet]. The Harvard Gazette. 2016. Available from: https://news.harvard.edu/gazette/story/2016/04/carrie-fisher-of-star-wars-fame-continues-the-battle/

14. Donen S, Kelly G. Cantando na chuva. Estados Unidos: Metro-Goldwyn-Mayer; 1952.

15. Todd Fisher [Internet]. IMDb. Available from: https://www.imdb.com/name/nm0279816/?ref_=nmbio_re_1

16. Nichols M. Lembranças de Hollywood. Estados Unidos: Columbia Pictures Corporation; 1990.

17. Fisher C. The Best Awful. New York: Simon & Schuster; 2004.

18. Ashby H. Shampoo. Estados Unidos: Persky-Bright/Vista; 1975.

19. Landis J. Os irmãos cara de pau. Estados Unidos: Universal Pictures; 1980.

20. Allen W. Hannah e suas Irmãs. Estados Unidos: Orion Pictures; 1986.

21. Dante J. Meus vizinhos são um terror. Estados Unidos: Imagine Entertainment; 1989.

22. Reiner R. Harry e Sally: Feitos um para o Outro. Estados Unidos: Castle Rock Entertainment; 1989.

23. Fisher C. Shockaholic. New York: Simon & Schuster; 2011.

24. Carrie Fisher [Internet]. Wikipedia. Available from: https://en.wikipedia.org/wiki/Carrie_Fisher

25. Carrie Fisher interview (2006, legendado) [Internet]. YouTube. 2007. Available from: https://www.youtube.com/watch?v=xtSVbAMrMDI

26. Ask Carrie Fisher: I'm bipolar – how do you feel at peace with mental illness? [Internet]. The Guardian. 2016. Available from: https://www.theguardian.com/lifeandstyle/2016/nov/30/carrie-fisher-advice-column-mental-illness-bipolar-disorder

27. Silva RA, Mograbi DC, Camelo EVM, Bifano J, Wainstok M, Silveira LAS, et al. Insight in bipolar disorder: a comparison between mania, depression and euthymia using the Insight Scale for Affective Disorders. Trends Psychiatry Psychother. 2015 Sep;37(3):152–6.

28. Silva RA, Mograbi DC, Silveira LAS, Nunes ALS, Novis FD, Landeira-Fernandez J, et al. Insight Across the Different Mood States of Bipolar Disorder. Psychiatr Q. 2015 Sep;86(3):395–405.

29. Chauhan N, Chakrabarti S, Grover S. Identifying Poor Adherence in Outpatients with Bipolar Disorder: A Comparison of Different Measures. J Neurosci Rural Pract. 2021 Jan 1;13(1):12–22.

30. Torrent C, Amann B, Sánchez-Moreno J, Colom F, Reinares M, Comes M, et al. Weight gain in bipolar disorder: pharmacological treatment as a contributing factor. Acta Psychiatr Scand. 2008 Jul;118(1):4–18.

31. Johnson SL, Murray G, Fredrickson B, Youngstrom EA, Hinshaw S, Bass JM, et al. Creativity and bipolar disorder: Touched by fire or burning with questions? Clin Psychol Rev. 2012 Feb;32(1):1–12.

32. Versiani M, Cheniaux E, Landeira-Fernandez J. Efficacy and Safety of Electroconvulsive Therapy in the Treatment of Bipolar Disorder. J ECT. 2011 Jun;27(2):153–64.

33. Schoeyen HK, Kessler U, Andreassen OA, Auestad BH, Bergsholm P, Malt UF, et al. Treatment-Resistant Bipolar Depression: A Randomized Controlled Trial of Electroconvulsive Therapy Versus Algorithm-Based Pharmacological Treatment. Am J Psychiatry. 2015 Jan;172(1):41–51.

34. Menculini G, Steardo L, Verdolini N, Cirimbilli F, Moretti P, Tortorella A. Substance use disorders in bipolar disorders: Clinical correlates and treatment response to mood stabilizers. J Affect Disord. 2022 Mar 1;300:326–33.

35. Zamora-Rodríguez FJ, Sánchez-Waisen-Hernández MR, Guisado-Macías JA, Vaz-Leal FJ. Substance use and course of bipolar disorder in an inpatient sample. Actas Esp Psiquiatr. 2018 Sep 1;46(5):183–91.

36. Messer T, Lammers G, Muller-Siecheneder F, Schmidt RF, Latifi S. Substance abuse in patients with bipolar disorder: A systematic review and meta-analysis. Psychiatry Res. 2017 Jul 1;253:338–50.

37. Perich T, Mitchell PB, Vilus B. Stigma in bipolar disorder: A current review of the literature. Aust N Z J Psychiatry. 2022 Sep;56(9):1060-1064.

Capítulo 3

EDGAR ALLAN POE

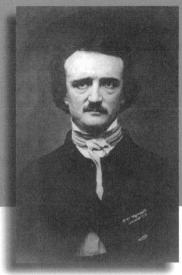

Introdução

Edgar Allan Poe foi poeta, contista, editor e crítico literário. É considerado o inventor do gênero de ficção policial e uma das principais figuras do romantismo americano. O mistério e o macabro são os temas predominantes em sua obra.[1]

O escritor queixava-se de depressão e, possivelmente, teve problemas com álcool e drogas.[2] Morreu precocemente, aos quarenta anos de idade. A causa de sua morte jamais foi esclarecida,[3] mas especula-se que tenha sido relacionada a um transtorno mental.[2]

Família e vida amorosa

Poe nasceu em Boston, capital de Massachusetts, nos Estados Unidos, em 19 de janeiro de 1809. Seus pais eram os atores itinerantes David e Elizabeth Poe. Ele tinha um irmão mais velho, William, e uma irmã mais nova, Rosalie. David abandonou a família quando Poe tinha apenas dezoito meses de idade e morreu pouco tempo depois, de tuberculose. A mãe de Poe logo em seguida faleceu também, da mesma doença.[4]

Então Poe foi acolhido em Richmond, no estado de Virginia, por John Allan, um comerciante bem-sucedido, e sua esposa Frances. O casal, que não tinha filhos, jamais o adotou formalmente, porém o futuro escritor incorporou o sobrenome deles ao seu. A relação de Poe com a mãe adotiva era muito afetuosa. Ela, para seu grande desgosto, morreu, vítima de tuberculose, quando Poe tinha vinte anos. Com

John Allan, diferentemente, sempre houve muitos conflitos. Após ter ingressado na Universidade de Virginia, em 1826, para estudar línguas antigas e modernas, Poe tornou-se um apostador contumaz e contraiu muitas dívidas. Seu pai adotivo recusou-se a pagá-las, o que fez com que Poe abandonasse os estudos, pois não tinha mais condições de arcar com as mensalidades. John considerava seu filho adotivo um ingrato e, até o fim da vida, em 1834, o repeliu.[4,5]

Aos dezessete anos, Poe ficou noivo de Elmira Royster, mas o romance terminou por pressão do pai da moça. Outros namoros infelizes se sucederam, e ele, aos 27 anos, casou-se com sua prima Virginia Clemm, que tinha apenas treze.[4,5] Onze anos após a união, ela morreu. Adivinhe de quê. Tuberculose, é claro.[2]

Carreiras militar e literária

Ao sair da universidade, em 1827, Poe, em sua cidade-natal, alistou-se no Exército, do qual foi dispensado dois anos depois. Em 1830, começou a frequentar a Academia Militar de West Point, no estado de Nova York, e, no ano seguinte, foi expulso de lá por negligência e desobediência.[2,4,5]

Foi em 1827, aos dezoito anos, que Poe publicou o seu primeiro livro, uma coleção de poemas, chamado *Tamerlane and Other Poems*.[6] Nos anos seguintes, continuou ativo como poeta e, em 1831, passou a escrever também contos. Em seus contos predomina a temática do sobrenatural e do horror.[5,7] Muitas de suas histórias retratam a morte de uma jovem noiva, enterros precoces, sonhos com ópio, abuso de álcool e loucura.[4]

Posteriormente, Poe tornou-se crítico literário, editor de periódicos e proprietário de uma revista. Foi especialmente memorável em sua carreira o ano de 1845, no qual publicou seu poema mais famoso – O corvo –, quatro de seus contos mais conhecidos, um volume de contos e uma nova coletânea de sua poesia.[5]

Apesar da fama e do sucesso que alcançou, Poe lutou a vida toda contra a pobreza. Na época, não havia proteção dos direitos autorais dos escritores. Assim, por exemplo, por *O corvo* ele recebeu somente um total de quinze dólares.[4]

Oscilações do humor, morte misteriosa

No que se refere à história familiar, o pai e o irmão biológicos de Poe provavelmente sofriam de alcoolismo.[2] Quanto à personalidade do escritor, ele foi descrito como impulsivo, instável e facilmente irritável.[7]

As informações sobre o uso de substâncias psicoativas por Poe são bastante contraditórias. Afirma-se que ele, desde os dezessete anos, abusava de álcool, assim como de ópio, láudano e morfina. Diz-se ainda que, certa vez, foi demitido do cargo de redator de um periódico por estar recorrentemente bêbado no trabalho e que tinha passado a beber mais a partir da doença e morte da esposa.[2,4,7] Por outro lado, contudo, a caracterização do escritor como alcoolista é contestada. Um jornalista amigo de Poe, por exemplo, desmentiu que ele fizesse uso de grandes quantidades de bebida alcoólica. Em consonância com essa afirmação, existe o relato de que Poe era anormalmente sensível aos efeitos do álcool, bastando uma pequena quantidade – ao beber uma mera taça de vinho, por exemplo – para induzir nele alterações extremas de humor e de comportamento.[2,5,7] Por fim, em uma carta escrita em 1841, Poe negou que tivesse "o hábito de intoxicação"; reconheceu que "às vezes" ficava "completamente embriagado", mas, "após cada excesso, ficava invariavelmente confinado à cama". Na mesma mensagem, referiu que havia quase quatro anos que nada bebia.[5]

Em cartas, Poe descreveu amplas e recorrentes oscilações do humor e da vitalidade. Por exemplo, em uma delas, afirmou: "Tenho mudanças tão acentuadas, desde a maior depressão persistente, podendo passar a uma exaltação ou imensa alegria com uma grande voracidade de trabalhar".[7] Escrevendo para a tia, em agosto de 1835, quando tinha 26 anos, expressou evidentes pensamentos relativos à morte: "Não desejo viver mais uma hora. Em meio à tristeza e à mais profunda ansiedade que sua carta me alcançou (...). Meu pior inimigo teria pena de mim se ele agora lesse meu coração (...). Não tenho desejo de viver e não quero". No mês seguinte, descreveu para um amigo graves sintomas depressivos: "Parece-me que agora nada pode me dar prazer ou a menor gratificação. (...) Meus sentimentos neste momento são realmente lamentáveis. Estou sofrendo sob uma depressão de espírito como nunca senti antes. Lutei em vão contra a influência dessa melancolia (...) Estou miserável, e não sei por quê. Consola-me, porque podes. Mas que seja rápido, ou será tarde demais. Escreva-me imediatamente. Convença-me de que vale a pena, de que é absolutamente necessário viver, e você se mostrará de fato meu amigo. (...) Você não deixará de ver que estou sofrendo sob uma depressão de espírito que não deixará de me arruinar se continuar por muito tempo".

Em contraste, em janeiro de 1849, aos quarenta anos, relatou um ótimo estado de humor e uma grande produtividade: "Ainda sinto no mais íntimo da minha alma uma alegria divina, uma felicidade inexprimível, que nada parece perturbar (...). Estou tão ocupado agora e me sinto tão cheio de energia. Compromissos para escrever estão caindo sobre mim todos os dias. Tive duas propostas na última semana de Boston. Enviei ontem um artigo para o Am. Review, sobre *Critics and Criticism*. Não faz muito tempo, enviei um ao Metropolitan chamado *Landor's Cottage*: tem algo sobre Annie e aparecerá, suponho, no número de março. Ao S. L. Messenger enviei cinquenta páginas de *Marginalia*, cinco páginas a serem publicadas a cada mês do ano em curso. Também fiz compromissos permanentes com todas as revistas da América. (...) Tenho estado tão ocupado, querida Annie, desde que voltei de Providence seis semanas atrás. (...) Ontem, escrevi cinco, e no dia anterior, um poema consideravelmente mais longo que *O Corvo*. Eu o chamo de *The Bells*". No entanto, em julho do mesmo ano, queixou-se de depressão: "Minha tristeza é inexplicável, e isso me deixa ainda mais triste. Estou cheio de pressentimentos sombrios. Nada me anima ou conforta. Minha vida parece desperdiçada, o futuro parece um vazio sombrio. (...) Devo morrer. Não tenho vontade de viver desde que fiz *Eureka*. Eu não poderia realizar mais nada. Para o seu bem, seria doce viver, mas devemos morrer juntos. (...) Estou muito deprimido. (...) Quando estou longe de você, sou miserável demais para viver. (...) E em todo esse tempo seu pobre Eddy mal respirou, exceto de intensa agonia. (...) Por mais de dez dias fiquei totalmente perturbado, embora não estivesse bebendo uma gota; e durante esse intervalo imaginei as mais horríveis calamidades". Em contraste, dias antes de sua morte, Poe foi descrito por um amigo como estando "alegre e sóbrio", falando "no mais alto espírito de suas resoluções e perspectivas para o futuro".[5]

Em outubro de 1849, Poe foi encontrado inconsciente na cidade de Baltimore e levado a um hospital. Estava usando roupas sujas, que não eram suas. No hospital, parecia estar confuso, angustiado e agitado. Além disso, apresentava alucinações visuais. Queixou-se de dor de cabeça, mas não conseguiu explicar para o médico o que havia acontecido com ele. Em seguida, ficou com as pupilas dilatas e entrou em coma. Três dias após a internação, no dia 7 daquele mês, morreu. A causa oficial da morte foi "congestão cerebral".[2,4,5]

Discussão

Diversas hipóteses foram levantadas quanto ao diagnóstico psiquiátrico de Poe e à causa de sua morte. Embora haja muitas dúvidas sobre o padrão de uso de álcool do escritor, alguns autores defendem que ele sofria de alcoolismo. Nesse sentido, para eles, os sintomas apresentados por Poe em seus últimos dias de vida seriam compatíveis tanto com intoxicação alcoólica como com um quadro grave de abstinência ao álcool, o *delirium tremens*.[2] O *delirium tremens* acomete indivíduos que se tornaram dependentes de álcool. As suas manifestações se iniciam poucos dias após a interrupção da bebida. As principais alterações clínicas são: rebaixamento do nível da consciência – um estado *semicomatoso* –, desorientação no tempo e no espaço, *confusão mental*, alucinações visuais – especialmente a visão de animais pequenos e repugnantes –, agitação, ansiedade, intenso tremor, febre e sudorese.[8] Para corroborar a hipótese de alcoolismo, alguns autores mencionam que, na obra de Poe, com frequência se encontram personagens alcoolistas e descrições dos efeitos do álcool. Assim, de acordo com esses autores, o escritor teria transposto para o papel as suas próprias experiências.[4,7]

Por outro lado, foi referido que Poe, após beber pequenas quantidades de álcool, apresentava graves alterações do humor e do comportamento. Isso é o que caracteriza a intoxicação patológica ou idiossincrática.[7] Diferentemente da intoxicação alcoólica comum, que está diretamente relacionada à dose de álcool ingerida, a intoxicação patológica é independente desse elemento. A intoxicação alcoólica caracteriza-se por uma crise de curta duração – minutos ou poucas horas – de agitação e agressividade, com estreitamento do campo da consciência – a mente fica restrita a poucos componentes – e amnésia *a posteriori* relativa à crise. Como os episódios são dramáticos e se instalam de imediato ao consumo de álcool, em tese a intoxicação patológica impediria o uso abusivo ou a dependência de álcool.[9,10]

Um neurologista[11] acreditava que Poe sofria de um tipo de epilepsia, a parcial complexa. Essa hipótese se baseou meramente nos textos do escritor, repletos de "descrições de episódios de inconsciência, confusão e paranoia", que podem ocorrer nessa forma de epilepsia e que seriam, supostamente, o reflexo de vivências pessoais de Poe.

No entanto, o diagnóstico mais provável para o caso de Poe parece ser o de transtorno bipolar (TB).[2] Os autorrelatos do escritor, em diversas cartas, descrevem episódios com sintomas típicos de depressão: tristeza, ansiedade, desejo de morrer, desesperança, perda da capacidade de sentir prazer e pessimismo. Descrevem também episódios com sintomas maníacos de leve intensidade, ou seja, hipomaníacos: alegria intensa, otimismo, aumento da vivência subjetiva de energia e hiperatividade. E, como comumente acontece no TB, as fases de hipomania que Poe teria apresentado estavam associadas a aumento da produtividade e da criatividade.[12] Contudo, se o TB de Poe tinha como comorbidade alcoolismo ou outra dependência química não fica claro.

Referências

1. Oliveira JR de, Oliveira MF. Edgar Allan Poe's psychic daguerreotype. Rev Bras Psiquiatr. 2015 Mar;37(1):84–5.
2. Teive HAG, Paola L de, Munhoz RP. Edgar Allan Poe and neurology. Arq Neuropsiquiatr. 2014 Jun;72(6):466–8.
3. Miranda C M. The medical history of Edgar Allan Poe. Rev Med Chil. 2007 Sep;135(9):1216–20.
4. Patterson R. Once upon a midnight dreary: the life and addictions of Edgar Allan Poe. CMAJ. 1992 Oct 15;147(8):1246–8.
5. Quinn AH. Edgar Allan Poe: A Critical Biography. Baltimore: Johns Hopkins University Press; 1997.

6. Poe EA. Tamerlane & Other Poems. Boston: Calvin F. S. Thomas; 1827.
7. Castillo Hernández CD, Estañol B. La historia médica de Edgar Allan Poe. Rev Med Chil. 2009 Jun;137(6): 852-3.
8. Awissi DK, Lebrun G, Coursin DB, Riker RR, Skrobik Y. Alcohol withdrawal and delirium tremens in the critically ill: A systematic review and commentary. Intensive Care Med. 2013 Jan;39(1):16–30.
9. Perr IN. Pathological intoxication and alcohol idiosyncratic intoxication--Part I: Diagnostic and clinical aspects. J Forensic Sci. 1986 Jul 1;31(3):806–11.
10. Winckler P. Der "pathologische Rausch." Nervenarzt. 1999 Sep 8;70(9):803–9.
11. Bazil CW. Seizures in the life and works of Edgar Allan Poe. Arch Neurol. 1999;56(6):740–3.
12. Jamison KR. Touched with fire: manic-depressive illness and the artistic temperament. New York: The Free Press; 1993.

Capítulo 4

ERNEST HEMINGWAY

Introdução

O escritor norte-americano Ernest Miller Hemingway foi vencedor do prêmio Pulitzer de ficção[1] e do Nobel de literatura.[2] O amor, a guerra, a selva e a perda são os principais temas de sua obra.[2] Seu estilo é considerado revolucionário: uma escrita concisa, como a de um jornalista, com palavras simples e descrições curtas.[3]

Ele teve uma vida de aventureiro e, depois de ter enfrentado e vencido a morte diversas vezes, matou-se, aos 61 anos.[4] Seu pai, um irmão, uma irmã e uma neta também cometeram suicídio.[5,6]

Origens

Ernest Hemingway nasceu no dia 21 de julho de 1899, em Oak Park, no estado de Illinois, nos Estados Unidos.[2,7] Seus pais eram o médico Clarence Hemingway e a cantora de ópera Grace Hall. O casal teve seis filhos, e Hemingway era o segundo mais velho.[4]

Clarence foi descrito como um pai abusivo. Disciplinador severo, costumava espancar o futuro escritor. Grace, por sua vez, tinha uma personalidade mais forte do que a do marido e era quem mandava em casa. Quando Hemingway era criança, ela costumava vesti-lo com roupas femininas e cortar o cabelo dele como se fosse o de uma menina.[7]

Durante a infância de Hemingway, Oak Park era uma localidade bastante rural. Ele costumava coletar ninhos de pássaros e flores silvestres com as irmãs e caçar pássaros e patos com o pai. No ensino médio, não tinha talento para o futebol americano, porém se destacava escrevendo para uma revista de literatura da escola.[4]

Aventura e literatura

Em outubro de 1917, aos dezoito anos, Hemingway conseguiu o seu primeiro emprego, como repórter do jornal The Kansas City Star.[2,4]

No ano seguinte, tentou se alistar no Exército para lutar na Primeira Guerra Mundial, mas foi recusado, em função de um problema de visão. Mesmo assim, participou do conflito, como voluntário da Cruz Vermelha, dirigindo uma ambulância no front italiano. Lá, tinha como missão levar para os combatentes chocolate, cigarros e cartões postais. Em julho de 1918, foi ferido nas pernas por estilhaços de uma granada austríaca. Em seguida, enquanto carregava nos ombros um soldado italiano também atingido, foi novamente ferido, agora por uma metralhadora. Apesar disso, conseguiu salvar o soldado e, por sua bravura, recebeu a Medalha de Prata. Por três meses ficou internado em um hospital da Cruz Vermelha em Milão, onde se apaixonou por uma enfermeira americana chamada Agnes von Kurowsky. O amor não foi correspondido, porém ela foi a inspiração para a criação da heroína do seu romance *Adeus às armas*.[2-4,8]

No início de 1919, Hemingway retornou para os Estados Unidos. No mesmo ano, enviou histórias de ficção para o jornal The Saturday Evening Post, mas todas foram rejeitadas. Em 1920, mudou-se para o Canadá, onde trabalhou como *freelancer* para a revista Toronto Star Weekly. Em 1921, em Michigan, casou-se com Elizabeth Hadley Richardson, e, no ano seguinte, os dois passaram a morar em Paris.[4] Na capital francesa, Hemingway conviveu com Ezra Pound, Scott Fitzgerald, Gertrude Stein e outros escritores iniciantes e expatriados que formavam o grupo que ficou conhecido como a *geração perdida*.[9] O casal voltou ao Canadá, e, em 1923, em Toronto, nasceu Jack, filho de Hemingway e Elizabeth.[4]

Em 1924, o escritor publicou seu primeiro livro, com uma tiragem de apenas 170 exemplares, e alguns contos em revistas de arte. Em uma breve, porém marcante passagem pela Espanha, atuou como toureiro amador, o que iria retratar em sua *obra O sol também se levanta*.[4,10] Em 1926, separou-se de Elizabeth; no ano seguinte, casou-se, em Paris, com a jornalista de moda Pauline Pfeiffer. Em 1928, Hemingway e Pauline se mudaram para os Estados Unidos; no mesmo ano, nasceu o primeiro filho do casal, Patrick. Três anos depois, nasceu o segundo, Gregory. Em 1933, Hemingway publicou uma coleção de contos. Nesse ano, foi com Pauline para a África, onde, por dois meses, participou de um safári.[4]

Durante a década de 1930, comprou um barco pesqueiro e, anualmente, na época da pesca do marlim, ia para Havana, a capital cubana. Em Cuba, tornou-se amante de Jane Mason, que era casada com o diretor local de operações da Pan American Airways.[4]

Em 1937, a serviço do North American Newspaper Alliance, cobriu como jornalista a Guerra Civil Espanhola. Na Espanha, aliou-se às forças republicanas contra o fascismo do general Franco, experiência que lhe serviu como inspiração para o livro *Por quem os sinos dobram*.[4,11] Ainda nesse país, apaixonou-se pela jornalista Martha Gellhorn. Casou-se com ela nos Estados Unidos, em 1940, depois de se divorciar de Pauline.[4]

Em 1942, durante a Segunda Guerra Mundial, Hemingway organizou em Cuba, onde vivia com Martha, um grupo de contraespionagem. Esse grupo tinha como objetivo informar o governo norte-americano sobre a presença de espiões nazistas em território cubano. Pouco tempo depois, foi trabalhar na Europa como correspondente de guerra.[4]

Em Londres, em 1944, ainda casado com Martha, iniciou um caso amoroso com a jornalista americana Mary Welsh Monks, que, dois anos mais tarde, se tornaria a sua quarta e última esposa.[4]

Em 1952, publicou *O velho e o mar*,[12] que lhe rendeu, no ano seguinte, o prêmio Pulitzer de ficção.[1] Em 1954, recebeu o Nobel de literatura.

Heroísmo, traumatismo e alcoolismo

Nos romances de Hemingway, os heróis se destacam por sua virilidade e coragem, além de ação, energia, violência, honra e independência.[13] A sua obra tem um evidente caráter autobiográfico, e, nesse sentido, se observam muitas semelhanças entre o escritor e o seu personagem típico.[3] De fato, *viril* e *corajoso* são adjetivos que definem bem o comportamento do escritor em sua vida pessoal. Ele era mulherengo, bebia muito, caçava animais selvagens, pescava em alto mar, toureava e lutava boxe.[3,7] Além disso, com frequência tinha explosões de raiva e se tornava agressivo fisicamente.[4]

Chama a atenção o número de vezes em que Hemingway se colocou em situações de grande perigo e esteve na iminência de morrer. Como se estivesse sempre em busca da morte, ele fez questão de participar diretamente da Primeira e da Segunda Guerra Mundial e da Guerra Civil Espanhola, praticou esportes violentos e era imprudente nas atividades de pesca e de caça e na direção de automóveis.[3,4,7] Em consequência de sua virilidade e coragem desmedida, o escritor foi vítima de vários acidentes graves e sofreu alguns traumatismos cranianos. Em 1928, quando vivia em Paris, estava intoxicado com álcool e, assim, confundiu o cabo da claraboia com a corrente da caixa de descarga do banheiro. Quando puxou a corrente, um pesado painel de vidro caiu sobre a sua cabeça. Levou nove pontos na testa. Em 1944, dirigindo embriagado, teve um acidente de carro. Bateu com a cabeça contra o para-brisa, o que levou a uma concussão. Dessa vez, foram 57 pontos no couro cabeludo. Menos de três meses depois, durante a Segunda Guerra Mundial, na Normandia, foi atirado de uma motocicleta, quando ele e alguns companheiros tentavam escapar do fogo alemão. Como resultado da queda, durante meses apresentou zumbido, diplopia, lentidão da fala e dificuldades de memória. Em 1945, quando estava ao volante em Cuba, seu carro derrapou e colidiu contra um aterro. A sua testa foi atingida pelo espelho retrovisor. Em 1950, Hemingway bebia em seu barco de pesca quando escorregou e caiu, batendo com a cabeça no convés. Por fim, em 1954, durante um safári na África, sofreu dois acidentes aéreos em dias consecutivos. No primeiro, o avião chocou-se contra um cabo telegráfico abandonado e caiu. O escritor torceu as costas, o braço e o ombro direito. O segundo avião também caiu e, na queda, incendiou-se. Hemingway tentou escapar do aparelho golpeando com a cabeça a porta lateral, o que dilacerou seu couro cabeludo e fraturou seu crânio. Além de uma concussão, teve uma vértebra esmagada, surdez temporária, ruptura do baço e do fígado, diplopia e queimaduras de primeiro grau no rosto, braços e cabeça.[4,7]

Como vimos, o uso de bebidas alcoólicas esteve relacionado a alguns dos acidentes sofridos por Hemingway. Ele apresentava, sem dúvida, uma dependência de álcool. Quando estava internado no hospital na Itália, em função dos ferimentos que sofrera na Primeira Guerra, foram encontradas garrafas de conhaque escondidas em seu quarto. O escritor passou a beber diariamente a partir dos anos 1920, após o fracasso do seu primeiro casamento, o suicídio do pai e a deterioração do seu relacionamento com a mãe. Em 1937, já apresentava danos hepáticos. Foi aconselhado por médicos e amigos a parar de beber, porém, até o final da vida, nunca conseguiu se manter abstêmio. Tanto assim que, em 1944, hospitalizado depois do acidente durante a Segunda Guerra, a sua esposa Martha descobriu garrafas de bebida vazias sob o seu leito.[3,7]

Explosões de criatividade, depressão e suicídio

Há uma pletora de casos de doença mental na família de Hemingway. Seu pai apresentava mudanças dramáticas e inesperadas de humor, alternando "ataques de raiva", "entusiasmo febril" e "depressão". Periodicamente viajava sozinho para se distanciar da família, o que chamava de "curas de descanso". Aos 57 anos, com problemas financeiros e acometido por diabetes e angina, cometeu suicídio, atirando com um revólver contra a própria cabeça.[5,7]

A mãe do escritor, por sua vez, sofria de dores de cabeça, insônia e "nervosismo". Certa vez, teve um "grande colapso nervoso". Até o fim da vida, Hemingway explicitamente a culpava pelo suicídio do pai.[5,7] Dois irmãos de Hemingway, Ursula e Leicester, se mataram. Sua irmã Marcelline apresentava episódios de depressão. A sua morte foi atribuída a causas naturais, mas, na ocasião, levantou-se a suspeita de que ela tivesse tirado a própria vida.[3,7]

O filho caçula de Hemingway, Gregory, que era médico, recebeu o diagnóstico de transtorno bipolar (TB). Ele apresentava ainda dependência química e foi submetido a uma cirurgia de mudança de sexo. Foi internado diversas vezes em instituições psiquiátricas, nas quais recebeu um total de quase cem aplicações de eletroconvulsoterapia (ECT). O próprio Gregory relatou ter sofrido sete "colapsos nervosos". Ele foi preso recorrentemente, em função de comportamentos inadequados em público, e, quando morreu de causas naturais, estava na cadeia, acusado de andar sem roupa em plena rua.[3,5,7] Patrick, o filho mais velho do segundo casamento de Hemingway, por sua vez, após um acidente automobilístico no qual sofreu traumatismo craniano, passou a apresentar um quadro psicótico grave, cujo tratamento também incluiu ECT.[5]

Em 1996, Margaux Hemingway, filha de Jack, o primogênito do escritor, cometeu suicídio, aos 42 anos, ingerindo uma dose elevada de um barbitúrico. No início da década de 1980, ela havia se tornado uma das modelos mais bem-pagas do mundo, depois de assinar um contrato de cinco anos com a marca de cosméticos Fabergé para a propaganda de perfumes. Também foi atriz no cinema, mas sem grande sucesso. Sofria de convulsões, depressão, bulimia nervosa e alcoolismo, tendo sido internada várias vezes em clínicas de reabilitação.[3,7,14,15] Por fim, outra neta do escritor e irmã de Margaux, Mariel, atriz principal no filme *Manhattan*,[16] de Woody Allen, referiu ter depressão.[6]

Não fica bem claro quando começou a doença de Hemingway. É provável que o primeiro episódio tenha sido de hipomania, em 1924, quando ele tinha 24 ou 25 anos. Durante um período de apenas três meses, Hemingway escreveu oito ou nove contos. Na mesma época, cuidava do filho de cerca de um ano de idade, revisou ou datilografou trabalhos de colegas da *geração perdida* e ainda praticava tênis e boxe. Além disso, ficava acordado a noite inteira, bebendo vinho e lendo poesia em voz alta. Segundo a descrição de sua primeira esposa, ele estava "nas alturas, emocionalmente intenso e pronto para explodir".[4,7] Pode ter ocorrido um episódio depressivo nos meses seguintes, pois ele passou a produzir bem menos e teve uma significativa perda de peso.[4]

Em 1934, aos 34 ou 35 anos, Hemingway relatou um "imenso aporte de energia", que o levou a escrever rapidamente várias histórias e artigos. Apresentava forte sentimento de grandiosidade, gabando-se para o seu editor da qualidade do material que havia criado.[7] Por coincidência ou não, foi nesse ano que comprou um barco pesqueiro.[4]

Em 1936, houve um episódio depressivo. Hemingway queixou-se de tristeza e insônia e relatou que sentia "aquele vazio e nada sangrentos e gigantescos. Como se nunca pudesse foder, lutar, escrever, e fosse tudo para a morte". Em um segundo momento, a depressão pode ter se tornado mista, pois ele contou que acordava no meio da madrugada e começava a escrever "tudo o que estava na cabeça", sentindo o "cérebro acelerado", embora ficasse cansado pela manhã.[7]

A partir do final de 1960, com 61 anos de idade, o escritor começou a apresentar o episódio mais grave de sua doença, uma depressão psicótica, que iria culminar com o seu suicídio. "Eu ajo alegre como sempre, mas não estou. Estou cansado até os ossos e muito abatido emocionalmente", descreveu. Recorrentemente falava em se matar. Além dos sintomas depressivos, apresentava ideias delirantes: acreditava que estava pobre, que seus amigos planejavam assassiná-lo e que o FBI, a Receita Federal e o Departamento de Imigração dos Estados Unidos estavam atrás dele. Acabou sendo hospitalizado na Clínica Mayo. Foi submetido a ECT e recebeu alta após sete semanas de internação, em janeiro de 1961.[3,4,7]

Contudo, logo em seguida, teve uma recaída da depressão. Em abril de 1961, carregou uma espingarda para se matar, mas foi impedido por sua última esposa. Então foi hospitalizado perto de onde morava, em Ketchum, Idaho. Assim que foi internado, teve a permissão para passar em casa e pegar alguns objetos. Estava com acompanhantes, mas se desvencilhou deles e novamente pegou uma espingarda. Apontou-a contra si próprio, porém não conseguiu puxar o gatilho, pois, antes disso, foi desarmado pelos acompanhantes. Quando estava sendo transferido para a Clínica Mayo, fez outra tentativa de suicídio, a terceira em quatro dias, correndo em direção a uma hélice do pequeno avião que iria fazer a sua remoção. Só não morreu porque o piloto, por sorte, desligou o motor.[3,4,7]

Nessa segunda passagem pela Clínica Mayo, Hemingway novamente foi tratado com ECT. Ficou por cerca de dois meses internado, tendo recebido alta no dia 26 de junho. Dias depois, continuava delirante: em um restaurante, afirmou que os clientes eram na verdade agentes do FBI que o seguiam. No dia 2 de julho de 1961, se matou, em sua própria casa, em Ketchum. Por volta das sete da manhã, enquanto sua esposa ainda dormia, levantou-se e pegou a chave do depósito onde ficavam suas espingardas. Em seguida, escolheu uma de cano duplo, carregou-a com dois projetis e atirou contra a própria cabeça.[3-5,7]

Discussão

Hemingway, muito provavelmente, sofria de TB. Sem dúvida, apresentou episódios depressivos, que incluíram ideação e comportamento suicida. Por outro lado, houve períodos em que o escritor não apenas estava muito mais produtivo e criativo do que de costume, mas também se encontrava bem mais ativo, dormia menos e se sentia com mais energia, caracterizando, assim, episódios hipomaníacos.[5]

Quatro outros elementos reforçam a hipótese diagnóstica de TB. O primeiro elemento é a riquíssima história psiquiátrica na família do escritor, com muitos suicídios e transtornos mentais graves, o que aponta para uma condição clínica relacionada a uma elevada carga genética, como é o TB.[17] Inclusive, esse diagnóstico foi dado para um de seus filhos e talvez fosse o mais adequado para o pai de Hemingway também.[3,7] O segundo é o fato de o escritor ter tirado a própria vida. Embora suicídios de maneira alguma ocorram apenas no TB, esta é a condição médica mais associada a esse trágico desfecho.[17] O terceiro é a ocorrência de sintomas psicóticos no último episódio depressivo do escritor. Apesar de delírios e alucinações poderem ser observados na depressão unipolar, esses sintomas são mais comuns na depressão bipolar.[18] O quarto é a personalidade de Hemingway, marcada pelo envolvimento em múltiplas atividades, destemor, autoconfiança e comportamentos de risco. Todas essas são características do que é chamado de temperamento hipertímico. O temperamento hipertímico é definido pela presença contínua, não episódica, compreendendo toda a vida do indivíduo, de sintomas maníacos de leve intensidade.[19] Ele é encontrado em muitas pessoas que sofrem de TB e é considerado uma forma atenuada, subclínica, desse transtorno mental.[20,21]

Evidentemente Hemingway sofria também de alcoolismo.[7] Há uma alta prevalência de transtornos mentais relacionados ao uso de álcool entre pacientes com TB. Quando existe essa associação, os bipolares tendem a evoluir pior, com aumento da frequência dos episódios de mania ou depressão.[22]

Referências

1. The Old Man and the Sea, by Ernest Hemingway (Scribner) [Internet]. The Pulitzer Prizes. Available from: https://www.pulitzer.org/winners/ernest-hemingway.
2. Ernest Hemingway: Facts [Internet]. The Nobel Prize. Available from: https://www.nobelprize.org/prizes/literature/1954/hemingway/facts/.
3. Dieguez S. "A man can be destroyed but not defeated": Ernest hemingway's near-death experience and declining health. Neurol Disord Famous Artist - Part 3. 2010 Apr 1;27:174-206.
4. Moddelmog D, del Gizzo S. Ernest Hemingway in context. Cambridge: Cambridge University Press; 2013.
5. Jamison KR. Touched with fire: Manic-depressive illness and the artistic temperament. New York: Simon and Schuster; 1993.
6. Neta de Hemingway espera que novo filme acabe com maldição familiar [Internet]. Globo.com. 2013. Available from: http://g1.globo.com/pop-arte/cinema/noticia/2013/02/neta-de-hemingway-espera-que-novo-filme-acabe-com-maldicao-familiar.html.

7. Martin CD. Ernest Hemingway: A psychological autopsy of a suicide. Psychiatry. 2006 Dec;69(4):351-61.
8. Hemingway E. Adeus às Armas (A Farewell to Arms). New York: Charles Scribner's Sons; 1929.
9. Araújo F. Geração Perdida: navegando e aprendendo [Internet]. Infoescola. Available from: https://www.infoescola.com/movimentos-literarios/geracao-perdida/.
10. Hemingway E. O Sol Também se Levanta (The Sun Also Rises). New York: Charles Scribner's Sons; 1920.
11. Hemingway E. Por Quem os Sinos Dobram (For Whom the Bell Tolls). New York: Charles Scribner's Sons; 1940.
12. Hemingway E. O Velho e o Mar (The Old Man and the Sea). New York: Charles Scribner's Sons; 1952.
13. Yalom ID, Yalom M. Ernest Hemingway—A Psychiatric View. Arch Gen Psychiatry. 1971;24(6):485-94.
14. Atriz Margaux Hemingway é achada morta em casa de praia [Internet]. Folha de São Paulo. 1996. Available from: https://www1.folha.uol.com.br/fsp/1996/7/03/ilustrada/22.html.
15. A bela e breve Margaux Hemingway [Internet]. Memórias Cinematográficas. 2020. Available from: https://www.memoriascinematograficas.com.br/2020/07/a-bela-e-breve-margaux-hemingway.html.
16. Allen W. Manhattan. Estados Unidos: United Artists; 1979.
17. McIntyre RS, Berk M, Brietzke E, Goldstein BI, López-Jaramillo C, Kessing LV, et al. Bipolar disorders. Lancet. 2020;396(10265):1841-56.
18. Goldberg JF, Harrow M, Whiteside JE. Risk for bipolar illness in patients initially hospitalized for unipolar depression. Am J Psychiatry. 2001 Aug;158(8):1265-70.
19. Akiskal HS, Bourgeois ML, Angst J, Post R, Möller HJ, Hirschfeld R. Re-evaluating the prevalence of and diagnostic composition within the broad clinical spectrum of bipolar disorders. J Affect Disord. 2000;59 Suppl 1:S5-S30.
20. Akiskal HS, Mallya G. Criteria for the "soft" bipolar spectrum: Treatment implications. Psychopharmacol Bull. 1987;23(1):68-73.
21. Zermatten A, Aubry JM. Hyperthymic and cyclothymic temperaments: attenuated forms of bipolar disorder?. Rev Med Suisse. 2012 Sep 19;8(354):1757-60.
22. Rakofsky JJ, Dunlop BW. Do alcohol use disorders destabilize the course of bipolar disorder? J Affect Disord. 2013;145(1):1-10.

Capítulo 5

GEORGE III DA INGLATERRA

Introdução

O filme *As loucuras do rei George*[1] conta a história verídica do adoecimento mental de George III, monarca do Reino Unido da Grã-Bretanha e da Irlanda, no final do século XVIII e início do XIX. Na tela, vemos o rei, interpretado por Nigel Hawthorne, em um evidente episódio maníaco. Ele está claramente eufórico e desinibido – algumas vezes irritado –, agitado, com a libido aumentada, muito falante e com delírios de grandeza. É retratada ainda na obra cinematográfica a abordagem terapêutica à qual ele é submetido pelo médico e religioso Francis Willis, interpretado por Ian Holm. O tratamento combina técnicas coercitivas – por exemplo, amarrar o rei a uma cadeira como punição a comportamentos inadequados – com técnicas humanitárias – encorajamento e reforço quando se observa algum progresso.[2]

Será que na vida real foi assim mesmo? Na década de 1960, portanto muito tempo depois desses acontecimentos, foi levantada a hipótese de que o rei sofria de porfiria.[3] No entanto, mais recentemente, o diagnóstico de transtorno bipolar (TB) foi proposto.[4]

Vida pessoal e reinado

George William Frederick, George III, nasceu em Londres, no dia 4 de junho de 1738. Era o filho mais velho de Frederick, príncipe de Gales, e de Augusta de Saxe-Gotha, além de neto do rei George II, da Grã Bretanha.[5] Seu parto foi prematuro – nasceu após sete meses de gestação – e não se esperava que sobrevivesse. Todavia, ele só iria morrer aos 81 anos, em uma época em que a expectativa de vida era de 37. Na infância, George III recebeu uma educação de qualidade, tendo tido tutores ilustres nas áreas de artes, humanidades e ciências e, já como monarca, era considerado bastante culto.[6]

Com a morte de seu avô, em 1760, George III ascendeu ao trono, pois seu pai já havia morrido. Tinha então 22 anos de idade. No ano seguinte, casou-se com a princesa alemã Carlota de Mecklemburgo-Strelitz. Apesar de o rei tê-la conhecido somente na cerimônia de casamento, os dois aparentemente tiveram uma união feliz, que gerou quinze filhos. Consta que ele jamais foi infiel à esposa, em contraste com o comportamento de seu avô e de seus filhos.[5,6]

O longo reinado de George III, de mais de 59 anos, foi marcado por uma série de conflitos militares. Em 1763, portanto logo no início, a Grã-Bretanha derrotou a França na Guerra dos Sete Anos. Contudo, mais tarde, em 1776, muitas colônias americanas foram perdidas na Guerra de Independência dos Estados Unidos. E, em 1815, a Grã-Bretanha venceu Napoleão, na batalha de Waterloo, e se tornou a potência dominante na Europa. Ao lado das guerras, outro fato muito significativo foi a fusão do país com a Irlanda, em 1801, formando o Reino Unido da Grã-Bretanha e da Irlanda, do qual George III foi o primeiro monarca.[7,8]

As loucuras do rei George na vida real

O adoecimento mental de George III caracteriza-se pela ocorrência de provavelmente cinco crises: em 1765, entre 26 e 27 anos de idade; de outubro de 1788 a fevereiro de 1789, aos cinquenta anos; em fevereiro e março de 1801, aos 62 anos; de janeiro a março de 1804, aos 66 anos; e de outubro de 1810 até sua morte, em janeiro de 1820, dos 72 aos 81 anos.[9,10]

Há poucas informações sobre o que aconteceu em 1765. Sabe-se que George III apresentou tosse recorrente, pontadas no peito, emagrecimento, insônia e cansaço. Foram relatadas ainda "depressão, agitação e hiperatividade". Na época, pensou-se em tuberculose, e, mais recentemente, especulou-se se teria sido um episódio depressivo.[4,6,11]

A primeira grave crise, que foi relativamente bem-documentada, começou em 1788 e durou cerca de cinco meses. Logo no início, o rei teve uma forte dor abdominal e recebeu o diagnóstico de litíase biliar. Pouco tempo depois, foram observados ainda erupção cutânea e inchaço nos pés. Todavia, o que ficou mais proeminente foram as manifestações psiquiátricas, basicamente sintomas maníacos. George III falava muito, mais rápido, mais alto e de modo mais veemente. Estava agitado e não dormia ou dormia muito pouco. Seu humor era, em geral, expansivo – "rindo e brincando" –, mas algumas vezes, instável, com acessos de choro. Seu discurso foi classificado como "incoerente" e continha algumas ideias de natureza psicótica: "Disse que pensava que tinha havido um dilúvio, que tinha visto Hanover através do telescópio Herschells, que se julgava inspirado". Além disso, o rei queixou-se de priapismo e apresentou comportamento sexual desinibido e inadequado. Certa vez, correu "nu para o quarto da rainha, insistiu em jogá-la na cama e que as mulheres no quarto deviam aguardar para ver se ele estava bem". Dois dias depois, "prendeu a princesa real e tentou violá-la; ela foi resgatada dele com grande dificuldade, e ele ficou com tanta raiva de sua decepção que atacou a rainha".[4,6,9]

No mês seguinte ao início dessa crise, o Dr. Francis Willis foi chamado para tratar George III. Willis, que havia sido ordenado padre, administrava com sucesso um asilo em Lincolnshire – condado situado na região leste da Inglaterra –, embora praticasse a medicina sem licença. Ele prescreveu para o rei arsenicais, antimoniais, purgantes e tártaro emético, para livrar o seu corpo de toxinas, além de restrições alimentares e exercícios físicos vigorosos. No entanto, a base de sua abordagem terapêutica era o que se chamava de *tratamento moral* – ou seja, não físico, psicológico. Esse tratamento moral consistia em técnicas coercitivas e punitivas, que tinham como objetivo induzir a submissão do rei a Willis, e incluía a contenção física. Em paralelo, foram empregadas técnicas mais brandas, como aconselhamento, consolo e promoção do raciocínio. Aos poucos George III foi melhorando, até ficar assintomático, quatro meses mais tarde. A plena recuperação do paciente foi atribuída ao trabalho de Willis, cujo prestígio, consequentemente, cresceu bastante.[10-13]

Durante doze anos, George III permaneceu bem, até que, em 1801, veio um novo episódio psiquiátrico, semelhante ao anterior. Este foi menos documentado, mas parece ter sido mais leve.[4] Na época, relatou-se que o rei, durante um culto na igreja, subitamente se levantou e leu um salmo. Há registros também de que seus "modos estavam mais apressados e seu semblante, mais acalorado do que de costume" e de que ele apresentava uma "maneira afetuosa e comovente de falar", além de "grande agitação de espírito" e redução do número de horas do sono.[6,9]

O episódio seguinte, em 1804, igualmente teve características maníacas e também foi considerado de pequena gravidade.[4] Na ocasião, estes foram alguns dos relatos sobre o comportamento de George III: "falou por cinco horas incessantemente"; "não conseguiu dormir até esta manhã"; "impossível controlar"; e "temperamento muito mais irritável".[6,9]

Depois de seis anos sem sintomas, George III teve nova crise em 1810. Essa crise, a mais longa de todas, iniciou-se em um momento em que sua filha mais nova, Amelia, estava gravemente doente e durou cerca de dez anos, até a morte do rei. Acredita-se que tenha sido um quadro de mania crônica. Ele falava muito, rápido e alto, estava irascível e "ingovernável" e dormia pouco. Logo depois, em 1811, em função de seu estado mental, George III foi afastado de suas funções como monarca e substituído pelo Príncipe de Gales, que atuou como regente pelo restante da vida do rei.[6,9]

Discussão

Na década de 1960, os psiquiatras Ida Macalpine e Richard Hunter –mãe e filho – propuseram o diagnóstico de porfiria para o caso de George III.[10,14] Essa hipótese tornou-se muito popular, tanto assim que é apresentada como uma verdade inconteste no filme *As loucuras de rei George*,[1] na peça teatral que deu origem ao seu roteiro e em vários documentários feitos para a televisão.[8]

As porfirias representam um grupo de doenças muito raras que se caracterizam por um defeito na produção de enzimas da hemoglobina. Como consequência, há um acúmulo de porfirinas, substâncias tóxicas que levam a acometimento principalmente da pele e do sistema nervoso. O diagnóstico é confirmado pela detecção do aumento dessas substâncias nos glóbulos vermelhos, no plasma, nas fezes e na urina. As porfirias são determinadas geneticamente e estão em geral associadas a uma herança autossômica dominante.[8,15-17]

Macalpine e Hunter levaram em conta para a formulação de sua hipótese somente os relatos de sinais e sintomas apresentados pelo rei: fraqueza muscular, cegueira, rouquidão vocal, icterícia, dores abdominais e urina escurecida. Na época em que ele viveu, não havia testes para a dosagem das porfirinas. Segundo os dois psiquiatras, as manifestações psicopatológicas observadas em George III representavam um "estado confusional tóxico", ou seja, um quadro de *delirium*, que é a síndrome caracterizada pelo rebaixamento do nível da consciência.[10,14]

No entanto, em anos mais recentes, o diagnóstico de porfiria tem sido veementemente contestado. Em primeiro lugar, por ter uma prevalência tão baixa, a porfiria não deveria ser apresentada como a hipótese mais provável com base apenas em sinais e sintomas, sem o apoio de exames complementares. Além disso, as alterações apresentadas pelo rei não são de maneira alguma específicas com relação à porfiria e poderiam ser explicadas por outras condições clínicas muito mais comuns. Igualmente fala contra o diagnóstico de porfiria a questão genética. Em função de a porfiria estar associada a uma herança autonômica dominante, seria esperado que metade dos descendentes de George III tivesse a mesma mutação genética e que 40% deles apresentassem sintomas dessa condição clínica, o que não foi observado. Por fim, pode-se afirmar que o argumento da mudança da cor da urina é muito frágil. A urina pode ficar mais escura na porfiria – em geral, marrom ou avermelhada –, mas a mudança de coloração pode ter sido causada pela icterícia obstrutiva – diagnosticada pelos médicos do rei – ou por algum dos vários medicamentos usados por ele durante a crise – vários deles tidos como potencialmente tóxicos.[4,8,9,17,18]

Não se sabe bem o que George III teve em 1765. Todavia, os episódios a partir de 1788 são todos muito tipicamente maníacos, o que aponta de maneira inequívoca para o diagnóstico de TB. Não há relato na literatura científica de que a porfiria possa causar uma síndrome maníaca.[4,6,9]

O estudo das cartas escritas pelo rei no final de sua vida indica que ele tenha passado a apresentar uma importante deterioração cognitiva, e, assim, tem sido proposto o diagnóstico de demência, em paralelo ao de TB.[4,6] De fato, sofrer de TB representa um fator de risco para o desenvolvimento de demência.[19] Alguns estudos sugerem que a recorrência dos episódios do TB – mania ou depressão – acarretam danos neuronais cumulativos e um prejuízo progressivo na cognição.[20] Assim, a possível demência que teria acometido George III seria o resultado da neurotoxidade produzida pela sucessão de crises maníacas e depressivas no curso de sua doença.[21]

Por outro lado, o último episódio no curso da doença de George III configurou-se como um quadro de mania crônica,[6] que ocorre na maioria das vezes em idade avançada. A mania crônica pode cursar com importantes alterações cognitivas e, assim, simular demência.[22] Portanto, é possível que o rei tenha apresentado o que se chama de pseudodemência, que poderia ter sofrido remissão se os sintomas maníacos tivessem sido tratados adequadamente.

Se o primeiro episódio apresentado por George III não se deu em 1765, mas em 1788, quando ele já tinha cinquenta anos de idade, o início do TB no seu caso pode ser classificado como tardio, visto que a maioria dos indivíduos com esse diagnóstico adoece antes dos 25 anos.[23] No entanto, o TB de início tardio não é tão raro, pois, em 7% dos bipolares, os sintomas começam após os sessenta anos.[22]

Obviamente, o tratamento ministrado pelo dr. Willis não teve eficácia alguma. Nada do que ele fez é hoje em dia indicado para o tratamento da mania ou do TB.[24] George III recuperou-se porque os episódios maníacos – da mesma maneira que os depressivos – são quase sempre autolimitados, ou seja, apresentam remissão espontânea, após alguns meses em média.[25]

Referências

1. Hytner N. As loucuras do rei George. Reino Unido: The Samuel Goldwyn Company; 1994.
2. Landeira-Fernandez J, Cheniaux E. Cinema e loucura: conhecendo os transtornos mentais através dos filmes. Porto Alegre: Artmed; 2010.
3. Macalpine I, Hunter R, Rimington C. Royal malady. Br Med J. 1968 Mar 16;1(5593):705–6.
4. Peters T. King George III, bipolar disorder, porphyria and lessons for historians. Clin Med. 2011 Jun;11(3):261–4.
5. Hibbert C. George III: A Personal History. London: Penguin Books; 1999.
6. Peters TJ, Beveridge A. The madness of King George III: a psychiatric re-assessment. Hist Psychiatry. 2010 Mar 4;21(1):20–37.
7. Cox TM, Jack N, Lofthouse S, Watling J, Haines J, Warren MJ. King George III and porphyria: An elemental hypothesis and investigation. Lancet. 2005 Jul 23;366(9482):332–5.

8. Hift RJ, Peters TJ, Meissner PN. A review of the clinical presentation, natural history and inheritance of variegate porphyria: Its implausibility as the source of the "Royal Malady." J Clin Pathol. 2012 Mar;65(3):200-5.
9. Brownstein S. George III: a revised view of the royal malady. J Hist Neurosci. 1997;6(1):38–49.
10. Macalpine I, Hunter R. The "insanity" of King George 3d: a classic case of porphyria. Br Med J. 1966 Jan 8;1(5479):65–71.
11. Pearce JMS. The Role of Dr. Francis Willis in the Madness of George III. Eur Neurol. 2017;78(3-4):196-199.
12. Smith L, Peters T. 'Details on the Establishment of Doctor Willis, for the Cure of Lunatics' (1796). Hist Psychiatry. 2017 Sep 1;28(3):365–77.
13. Charland LC. Moral Treatment. In: The Encyclopedia of Clinical Psychology. Hoboken, NJ, USA: John Wiley & Sons, Inc.; 2015. p. 1–4.
14. Macalpine I, Hunter R. Porphyria and King George 3rd. Sci Am. 1969;221(1):38–46.
15. Di Pierro E, De Canio M, Mercadante R, Savino M, Granata F, Tavazzi D, et al. Laboratory Diagnosis of Porphyria. Diagnostics (Basel). 2021 Jul 26;11(8):1343.
16. Gerischer LM, Scheibe F, Numann A, Köhnlein M, Stölzel U, Meisel A. Acute porphyrias - A neurological perspective. Brain Behav. 2021 Oct 17; e2389.
17. Warren MJ, Jay M, Hunt DM, Elder GH, Röhl JC. The maddening business of King George III and porphyria. Trends Biochem Sci. 1996 Jun;21(6):229–34.
18. Peters TJ, Wilkinson D. King George III and porphyria: A clinical re-examination of the historical evidence. Hist Psychiatry. 2010 Mar;21(1):3–19.
19. Velosa J, Delgado A, Finger E, Berk M, Kapczinski F, Azevedo Cardoso T. Risk of dementia in bipolar disorder and the interplay of lithium: a systematic review and meta-analyses. Acta Psychiatr Scand. 2020 Jun 11;141(6):510–21.
20. Post RM. How to prevent the malignant progression of bipolar disorder. Brazilian J Psychiatry. 2020 Oct;42(5):552–7.
21. Peters T. FitzPatrick Lecture: King George III and the porphyria myth - Causes, consequences and re-evaluation of his mental illness with computer diagnostics. Clin Med J R Coll Physicians London. 2015 Apr 1;15(2):168–72.
22. Azorin JM, Kaladjian A, Adida M, Fakra E. Late-onset Bipolar Illness: The Geriatric Bipolar Type VI. CNS Neurosci Ther. 2012;18(3):208–13.
23. McIntyre RS, Berk M, Brietzke E, Goldstein BI, López-Jaramillo C, Kessing LV, et al. Bipolar disorders. Lancet. 2020;396(10265):1841–56.
24. Carvalho AF, Firth J, Vieta E. Bipolar Disorder. Ropper AH, editor. N Engl J Med. 2020 Jul 2;383(1):58–66.
25. Goodwin FK, Jamison KR. Doença Maníaco-depressiva: transtorno bipolar e depressão recorrente. 2a. edição. Porto Alegre: Artmed; 2010.

Capítulo 6

KANYE WEST

Introdução

O rapper Kanye West é um dos artistas que mais vendeu discos em todo o mundo[1] e um dos mais premiados de todos os tempos.[2] Além de rapper, é produtor musical, empresário e estilista de moda.

Por outro lado, ele sempre se notabilizou por atitudes e declarações extravagantes ou, no mínimo, polêmicas, o que pode estar relacionado ao transtorno bipolar (TB), diagnóstico que recebeu após uma internação psiquiátrica.

A vida antes da fama

Kanye Omari West nasceu em 8 de junho de 1977, em Douglasville, no estado da Geórgia, nos Estados Unidos. O seu prenome tem origem etíope e significa "o único". Por sinal, ele não teve irmãos. Seu pai, Ray West, havia sido membro do Partido dos Panteras Negras – uma organização socialista revolucionária – e trabalhara como fotógrafo de um jornal. Sua mãe, Donda West, era professora universitária de inglês.[3,4]

Donda apresentou um quadro de depressão imediatamente após o nascimento de Kanye. Os pais de Kanye se separaram quando ele estava com onze meses e se divorciaram quando ele tinha três anos de idade. Após o divórcio, ele se mudou com a mãe para Chicago, em Illinois. Aos dez anos, foi com Donda morar por algum tempo na China, onde ela foi trabalhar. Ele sempre foi muito próximo afetivamente à mãe, e ela, mais tarde, iria gerenciar a sua carreira artística. Por outro lado, Kanye pode ter herdado a fé religiosa de seu pai. Na infância, o rapper era incentivado por Ray a ir à igreja todo domingo e, desde bem pequeno, tornou-se cristão.[3,4]

Quando frequentava o jardim de infância, Kanye era descrito como isolado socialmente e egocêntrico, mas com uma autoestima bastante elevada. Aos três anos, começou a desenhar, o que fazia com uma habilidade considerada precoce para a sua idade. Até a nona série, tinha um bom rendimento escolar, porém, na décima, só se interessava por arte e música. Com treze anos, gravou pela primeira vez um rap em um estúdio, numa sessão paga por sua mãe. Aos quatorze, adquiriu seu primeiro teclado e, logo depois, tinha praticamente um estúdio dentro do seu quarto. Chegou a ingressar na faculdade, em Chicago, para estudar arte, porém logo desistiu para investir na carreira musical. Tinha então vinte anos.[3,4]

As múltiplas carreiras e atividades

Em 1996, Kanye já havia iniciado a sua carreira como produtor musical. A partir do ano de 2000, fez grande sucesso nessa área quando foi trabalhar na Roc-A-Fella Records, onde produziu especialmente para artistas do hip-hop – ou rap – como Jay-Z, Ludacris e Janet Jackson.[5]

Em 2002, começou a sua carreira como rapper. Dois anos depois, Kanye lançou o seu primeiro álbum: *The College Dropout*. Até 2021, ele gravaria mais nove discos, todos com enorme sucesso comercial – um total de 160 milhões de cópias vendidas no mundo inteiro –[6] e múltiplas premiações – um total de setenta indicações para o Grammy, tendo vencido 22 vezes.[2]

Em paralelo à sua carreira musical, em 2005, Kanye abraçou outra, a de estilista de moda. Desenhou roupas, bolsas e sapatos, colaborando com a Nike, a Adidas, a GAP e a Louis Vuitton.[7-9] O seu maior sucesso foi a coleção de tênis Yeezy, que o tornou bilionário.[10]

Kanye é ainda um empresário. Possui o seu próprio selo de gravação, o G.O.O.D. Music, que mantém contratos com outros artistas. Além disso, em 2012, fundou a companhia DONDA – nome dado em homenagem a sua mãe –, que apoia o desenvolvimento de projetos artísticos em diversas áreas, como pintura, escultura, fotografia, cinema, cenografia e moda, dentre outras.[11]

Outros eventos significativos

Em 2002, Kanye sofreu um grave acidente automobilístico, no qual o carro que dirigia colidiu contra outro. Ele teve a sua mandíbula esmagada e foi submetido a uma cirurgia facial reparadora.[12]

No ano seguinte, criou a Fundação Kanye West. Essa instituição filantrópica tem como finalidade apoiar o estudo de crianças de origem latina ou afroamericana.[3]

Em 2007, sua mãe morreu em decorrência de complicações cardíacas durante uma cirurgia plástica, de caráter estético, na qual seriam realizadas lipoaspiração e mamoplastia.[4]

Em 2014, dois anos após o início do namoro, Kanye se casou com a grande celebridade Kim Kardashian. Ela havia se tornado mundialmente conhecida ao participar de um *reality show* na TV. A união dos dois chamou muito a atenção da mídia e tornou o rapper ainda mais famoso.[7,13]

Em 2020, ele concorreu à presidência da república dos Estados Unidos, como candidato independente. Perdeu os prazos na maioria dos estados e só conseguiu se registrar em doze. Ao final, obteve apenas sessenta mil votos.[14,15]

"Odeio ser bipolar, é incrível"

Muitos comportamentos apresentados por Kanye indicam claramente que ele sofre de um transtorno mental. Por exemplo, em 2008, ele foi preso duas vezes por agredir paparazzi que queriam fotografá-lo.[16]

Uma série de incidentes que receberam um grande destaque na mídia envolveram a cantora e compositora Taylor Swift. Em 2009, quando ela ganhou o prêmio de melhor vídeo no evento anual promovido pela MTV, Kanye, sem ser convidado, subiu ao palco e interrompeu o discurso de agradecimento dela para dizer que Beyoncé tinha feito naquele ano "o melhor vídeo de todos os tempos". Kanye e Taylor depois até se tornaram amigos, mas a amizade acabou quando, em 2016, ele compôs e gravou uma canção em que dizia que acreditava que ainda iria fazer sexo com ela e que havia sido ele quem a tornara famosa. Além disso, na letra, ele a chamava de "vadia".[17-19]

Por diversas vezes, Kanye expressou ideias ou comportamentos de caráter místico que chamaram muito a atenção. Nesse sentido, em uma entrevista concedida anos depois de ter atrapalhado a premiação de Taylor Swift, referiu que havia invadido o palco por ordem de Deus. Segundo ele, quando se candidatou a presidente dos EUA, uma "visão divina" tinha lhe revelado ser o "escolhido por Deus" para ocupar o cargo. Em 2013, Kanye deu ao álbum que estava lançando o título de *Yeezus*, que representa uma mistura de *Yeezy*, seu apelido, e *Jesus*. Uma das faixas do álbum se chama *I am God*, na qual o rapper se descreve como um deus. Em 2018, alegando motivos espirituais, ele mudou seu nome artístico para *Ye*.[17,18,20]

Uma avaliação altamente grandiosa sobre si mesmo é algo recorrentemente encontrado nas declarações de Kanye. Certa vez, ele afirmou ser o "melhor homem internacional do mundo". Em outros momentos, fez algumas revelações impressionantes, como estar escrevendo um livro de filosofia,[21] ter um "modo multidimensional de pensar" e a intenção de "reconstruir toda a civilização" usando sua "sinfonia de ideias".[20] Além disso, já se comparou a Andy Warhol, Shakespeare, Walt Disney, Michelangelo, Muhammad Ali e Steve Jobs.[8,22,23]

Kanye foi internado, de modo involuntário, em uma instituição para o tratamento de doenças mentais, em novembro de 2016, após o Departamento de Polícia de Los Angeles ter recebido uma chamada classificada como "emergência psiquiátrica". Ele tinha 39 anos. Divulgou-se que o artista estaria sofrendo de "exaustão", resultado de uma enorme carga de trabalho: recentemente ele havia realizado mais de trinta shows em apenas três meses e lançado duas coleções de moda.[17,24,25]

Nas semanas anteriores à hospitalização, Kanye vinha fazendo afirmações que na época foram consideradas estranhas, nas quais criticava amigos e colegas músicos, como Beyoncé e Jay Z, e elogiava o então presidente eleito Donald Trump. Além disso, na época, encerrou um show prematuramente, após algumas poucas canções, e cancelou outro horas antes do início previsto. Em seguida, o restante da turnê que realizava foi cancelado.[13,17,24,25]

Para o artista, a crise que sofrera estava relacionada a duas situações: o uso abusivo de analgésicos opioides que vinha fazendo após uma lipoaspiração; e o estresse que vivenciara, um mês antes, quando sua esposa, Kim Kardashian, sofreu um assalto à mão armada em seu apartamento em Paris, no qual chegou a ser amarrada.[4,13,24] Em uma entrevista para a TV, em 2019, ele deu detalhes sobre como se encontrava quando foi internado. Acreditava que havia uma conspiração contra ele, que queriam matá-lo, que o governo tinha colocado chips em sua cabeça e que estava sendo monitorado. Revelou ter sido algemado e medicado.[17,26,27] O próprio Kanye iria tornar público o diagnóstico formulado, quando, em 2018, na capa de seu álbum *Ye*, estampou a seguinte frase: "Odeio ser bipolar, é incrível".[17,26,27] Algum tempo depois, Kim confirmaria que ele sofre de TB.[4,17,27]

Em algumas ocasiões, Kanye trouxe informações adicionais sobre a sua doença. Contou ter apresentando o seu primeiro "apagão completo" aos cinco anos de idade. Não deu detalhes sobre isso, exceto que sua mãe havia decidido "não o medicar completamente". Relatou ter "altos e baixos", referindo-se aos "altos" como positivos,[28] como momentos em que está "altamente conectado com o Universo".[13] Nesse sentido, disse considerar o TB não como uma "incapacidade", mas como um "superpoder".[28] Segundo ele, os medicamentos para o tratamento desse transtorno mental, além de matarem seu "super-herói", o engordavam e tiravam a sua criatividade.[20] Por outro lado, reconheceu já ter apresentado ideação suicida, embora tenha negado ter tido "períodos de depressão extrema".[28,29]

A candidatura de Kanye à presidência da república também parece estar estreitamente relacionada ao TB. O rapper tinha feito duas apresentações em apoio a

Barack Obama: uma em 2008, na convenção do partido democrata; e outra no ano seguinte, na cerimônia de posse dele. No entanto, posteriormente passou a se colocar ao lado do republicano Donald Trump.[30] Em 2020, decidiu concorrer à Casa Branca com uma candidatura independente, à parte dos dois grandes partidos americanos. Perdeu o prazo de registro em vários estados e chegou a processar Wisconsin para ter seu nome incluído na cédula eleitoral. Colocou muito dinheiro do seu próprio bolso para financiar a campanha,[17] que praticamente não teve estrutura alguma. A sua proposta para os EUA se baseava no fictício país secreto Wakanda do filme *Pantera Negra*.[31] Durante a corrida eleitoral, deu declarações consideradas esdrúxulas, como a de que a escravidão seria uma "escolha" e a de que os membros de sua equipe deveriam se abster de sexo antes do casamento.[17]

Ainda em 2020, Kanye fez diversas publicações no Twitter contra a indústria fonográfica. Sentia-se lesado pelas gravadoras, que chamou de "navios de escravos modernos". Postou naquela rede social fotos das páginas de seus contratos e ainda um vídeo em que aparecia urinando em uma estatueta do Grammy.[17,32] Antes do final do ano, o rapper usaria o Twitter também para fazer postagens ofensivas contra a sua esposa. Nas mensagens, revelava que ele e Kim haviam considerado fazer o abortamento de sua filha mais velha e acusava sua sogra de promover a causa da "supremacia branca". Como consequências dos insultos, sua esposa pediu o divórcio.[4,17,33,34]

Discussão

Considerando-se apenas o que se tornou público, os sintomas maníacos parecem ser mais proeminentes do que os depressivos na história psiquiátrica de Kanye. São bastante evidentes delírios de grandeza – entre eles, alguns de conteúdo místico –, impulsividade, irritabilidade, gastos financeiros excessivos e perda da autocrítica. Muito provavelmente o rapper apresentou ainda agitação psicomotora, outra alteração típica da mania, já que precisou ser algemado quando foi hospitalizado, além de euforia, à qual delírios de grandeza costumam estar associados. Delírios persecutórios, também observados em seu quadro clínico, não fazem parte da síndrome maníaca, mas não raramente ocorrem no TB. Ideação suicida foi o único sintoma depressivo mencionado.[35]

O curso da doença não está muito claro. Nesse sentido, não sabemos como foi a frequência e a duração dos episódios maníacos e se Kanye teve também episódios depressivos. Os relatos levam a crer que, se ele apresentou períodos de normalidade, estes não foram duradouros. É possível que o artista, entre os episódios graves do TB, tenha se mantido com sintomas maníacos residuais – ou seja, menos numerosos e mais leves. Isso explicaria, em parte, a sua longa e intensa produção criativa, já que, como discutimos em um dos capítulos introdutórios, a criatividade parece estar relacionada à hipomania.[36] Não é comum, mas alguns pacientes com TB apresentam um quadro de mania crônica, em que os sintomas maníacos não apresentam remissão por pelo menos dois anos.[35]

Provavelmente não foi casual o fato de a internação de Kanye ter ocorrido em um período de trabalho especialmente intenso, com um altíssimo número de shows em poucos dias e a criação de duas coleções de moda. O aumento de sua atividade e de sua produção criativa talvez tenha representado o começo de uma crise maníaca. Por outro lado, a carga excessiva de trabalho pode ter levado a uma redução da duração do sono, que é um reconhecido fator precipitante de mania.[37]

Kanye refere que o início de sua doença teria se dado aos cinco anos. No entanto, não dá informação alguma sobre que sintomas teria apresentado. De qualquer modo, não é comum que o primeiro episódio do TB ocorra tão precocemente, embora isso não seja impossível.[38]

Ao contrário do que Kanye afirmou, opioides não costumam desencadear episódios maníacos. Contudo, é possível que o estresse relacionado à violência sofrida por sua esposa em um assalto tenha, de fato, funcionado como um gatilho da crise de mania.[39]

Chama a atenção a visão de Kanye com relação à sua doença como um "superpoder", o que é muito comum no TB. Obviamente, ele está considerando não os períodos de depressão, mas os de mania, nos quais o indivíduo em geral sente-se melhor do que quando está normal – com mais alegria, energia, autoconfiança, desinibição etc.[40] Assim, o tratamento é considerado pelo rapper como algo que o deixa menos feliz e menos criativo. Todavia, essa *felicidade* é, sem dúvida, patológica e leva a muitos riscos e consequências negativas. Portanto, precisa ser tratada. Em contrapartida, parece que medicamentos indicados para o TB, particularmente o lítio, podem mesmo diminuir a criatividade.[36]

Por fim, com relação à história familiar, especialmente importante no TB,[41] devemos lembrar que a mãe de Kanye, segundo ela mesma,[3] apresentou um episódio de depressão puerperal. Isto é bastante significativo, pois quadros depressivos após o parto estão frequentemente associados ao TB.[42]

Referências

1. The Nielsen Company & Billboard's 2011 Music Industry Report [Internet]. Available from: https://www.businesswire.com/news/home/20120105005547/en/Nielsen-Company-Billboard's-2011-Music-Industry-Report
2. Kanye West [Internet]. Recording Academy Grammy Awards. Available from: https://www.grammy.com/grammys/artists/kanye-west/6900

3. West D, Hunter K. Raising Kanye: Life Lessons from the Mother of a Hip-Hop Superstar. Nova York: Pocket Books; 2007.

4. Bond N. Donda West's death: The bizarre tragedy Kanye West never got over [Internet]. NZ Herald. 2020. Available from: https://www.nzherald.co.nz/entertainment/donda-wests-death-the-bizarre-tragedy-kanye-west-never-got-over/Q2SZSDNPMSH3Q22M4YPW6KRP2U/

5. Shipley A. 20 Songs You Didn't Know Kanye West Produced [Internet]. Rolling Stone. 2019. Available from: https://www.rollingstone.com/music/music-lists/20-songs-you-didnt-know-kanye-west-produced-11859/harlem-world-feat-carl-thomas-you-made-me-1998-15081/

6. Billboard [Internet]. Available from: https://www.billboard.com/

7. Woolf J. The Unabridged History of Kanye West as Fashion Designer [Internet]. GQ. 2016. Available from: https://www.gq.com/gallery/the-unabridged-history-of-kanye--west-as-fashion-designerand-the-11-year-road-to-todays-adidas-show

8. Anyanwu O. Inside Kanye West's Fashion Journey: Yeezy, Louis Vuitton, Fendi and More [Internet]. WWD. 2020. Available from: https://wwd.com/fashion-news/fashion-features/kanye-west-fashion-yeezy-louis-vuitton-fendi-1203528604/

9. Hughes A, Takanashi L, Destefano M. From 'College Dropout' to 'Donda': A Look at Kanye West's Style Evolution [Internet]. Complex. 2021. Available from: https://www.complex.com/style/kanye-west-style-evolution/

10. Greenburg ZO. Kanye West is now officially a billionnaire (and he really wants the world to know) [Internet]. Forbes. 2019. Available from: https://www.forbes.com/sites/zackomalleygreenburg/2020/04/24/kanye-west-is-now-officially-a-billionaireand-he-really--wants-the-world-to-know/?sh=2a517fb57b9e

11. Pasori C. How Kanye West's Creative Company DONDA Is Making Its Own Brand of Cool [Internet]. Complex. 2014. Available from: https://www.complex.com/style/2014/11/how-kanye-wests-creative-company-donda-is-making-its-own-brand-of-cool

12. Hunt M. Though the Wire: 15 Years Later [Internet]. Wiux. 2017. Available from: https://wiux.org/read/though-the-wire-15-years-later/

13. Moniuszko SM, Deerwester J. Kanye West: I was "drugged out" on opioids leading up to 2016 hospitalization [Internet]. USA Today. 2018. Available from: https://www.usatoday.com/story/life/people/2018/05/01/kanye-west-talks-mental-breakdown-relationship--jay-z-and-trump-comments/570097002/

14. Taylor EM. What the Hell Happened: Kanye West Is Running For President [Internet]. The Harvard Crimson. 2020. Available from: https://www.thecrimson.com/article/2020/9/29/wthh-kanye-is-still-running-for-prez/

15. Kanye West recebe apenas 60 mil votos nos EUA e deixa em aberto candidatura em 2024 [Internet]. O Globo. 2020. Available from: https://oglobo.globo.com/mundo/kanye-west-recebe-apenas-60-mil-votos-nos-eua-deixa-em-aberto-candidatura--em-2024-24728798

16. Duke A. Kanye West gets probation in paparazzi attack [Internet]. CNN. 2014. Available from: https://edition.cnn.com/2014/03/17/showbiz/kanye-west-plea-deal/index.html

17. Weiss S. Inside Kanye West's bipolar disorder [Internet]. New York Post. 2020. Available from: https://nypost.com/article/kanye-west-mental-illness-bipolar-disorder/

18. Cost B. Kanye West claims God made him storm Taylor Swift's VMAs speech [Internet]. New York Post. 2020. Available from: https://nypost.com/2020/09/02/kanye-west-god-made-me-interrupt-taylor-swifts-vmas-speech/

19. Billboard-Staff. A Complete Timeline of Kanye West & Taylor Swift's Relationship [Internet]. Billboard. 2020. Available from: https://www.billboard.com/articles/news/6686064/kanye-west-taylor-swift-relationship-timeline/

20. PowerfulJRE. Joe Rogan Experience #1554 - Kanye West [Internet]. YouTube. 2020. Available from: https://www.youtube.com/watch?v=qxOeWuAHOiw

21. Rao S. Kanye West's 6 ridiculous Twitter eras, from water-bottle hate to 'Stop playing chess with life' [Internet]. The Washington Post. 2018. Available from: https://www.washingtonpost.com/news/arts-and-entertainment/wp/2018/04/18/kanye-wests-6-ridiculous-twitter-eras-from-water-bottle-hate-to-stop-playing-chess-with-life/

22. Sway's-Universe. Kanye West and Sway Talk Without Boundaries: Raw and Real on Sway in the Morning | Sway's Universe [Internet]. YouTube. 2013. Available from: https://www.youtube.com/watch?v=S78tT_YxF_c

23. Murphy BM. "I Am Warhol": On the Arrogance of Kanye [Internet]. Kenyon Review. 2016. Available from: https://kenyonreview.org/2016/02/i-am-warhol-on-the-arrogance-of-kanye/

24. Coscarelli J. Kanye West Is Hospitalized for 'Psychiatric Emergency' Hours After Canceling Tour [Internet]. The New York Times. 2016. Available from: https://www.nytimes.com/2016/11/21/arts/music/kanye-west-hospitalized-exhaustion.html

25. Serjeant J. "Exhausted" Kanye West hospitalized, cancels tour after bizarre rants [Internet]. Reuters. 2016. Available from: https://www.reuters.com/article/us-music-kanyewest-idUSKBN13G1X6

26. Melas C. Kanye West opens up about managing his mental health in David Letterman interview [Internet]. CNN. 2019. Available from: https://edition.cnn.com/2019/05/28/entertainment/kanye-west-bipolar-letterman-interview/index.html

27. Murphy H. Kanye West Gets Candid About His Bipolar Diagnosis, Says at One Point He Had to Be Handcuffed [Internet]. People. 2019. Available from: https://people.com/music/kanye-west-opens-up-about-bipolar-diagnosis-episode-handcuffed/

28. Pasquini M. Kanye West Opens Up About Bipolar Disorder and Shares He Had First "Complete Blackout" at Age 5 [Internet]. People. 2018. Available from: https://people.com/music/kanye-west-bipolar-disorder-complete-blackout/

29. Respers L. Kanye West says he considered suicide and shares what helped him [Internet]. CNN. 2018. Available from: https://edition.cnn.com/2018/06/26/entertainment/kanye-west-new-york-times-interview/index.html

30. Eltagouri M. The bizarre political evolution of Kanye West [Internet]. The Washington Post. 2018. Available from: https://www.washingtonpost.com/news/the-fix/wp/2018/04/25/kanye-west-from-bush-doesnt-care-about-black-people-to-praising-trumps-dragon-energy/

31. Lane R. Kanye West Says He's Done With Trump—Opens Up About White House Bid, Damaging Biden And Everything In Between [Internet]. Forbes. 2020. Available from: https://www.forbes.com/sites/randalllane/2020/07/08/kanye-west-says-hes-done-with-trump--opens-up-about-white-house-bid-damaging-biden-and-everything=-in-between/?sh-436e587747aa

32. Dupre E. Kanye West faz xixi em troféu do Grammy após criticar indústria da música [Internet]. E. 2020. Available from: https://www.eonline.com/br/news/1188798/kanye-west-faz-xixi-em-trofeu-do-grammy-apos-criticar-industria-da-musica

33. Woods A. Kanye West visits hospital after apology to Kim Kardashian [Internet]. Page Six. 2020. Available from: https://pagesix.com/2020/07/27/kanye-west-visits-hospital-after-apology-to-kim-kardashian/

34. Bonner M. Kim Kardashian Says She Was Lonely With Kanye West and Wanted More in Common [Internet]. Cosmopolitan. 2021. Available from: https://www.cosmopolitan.com/entertainment/celebs/a36696207/why-kim-kardashian-divorced-kanye-west/

35. Goodwin FK, Jamison KR. Doença Maníaco-depressiva: transtorno bipolar e depressão recorrente. 2a. edição. Porto Alegre: Artmed; 2010.

36. Johnson SL, Murray G, Fredrickson B, Youngstrom EA, Hinshaw S, Bass JM, et al. Creativity and bipolar disorder: Touched by fire or burning with questions? Clin Psychol Rev. 2012 Feb;32(1):1–12.

37. Abreu T, Bragança M. The bipolarity of light and dark: A review on Bipolar Disorder and circadian cycles. J Affect Disord. 2015;185:219–29.

38. Carvalho AF, Firth J, Vieta E. Bipolar Disorder. Ropper AH, editor. N Engl J Med. 2020 Jul 2;383(1):58–66.

39. Post RM. Transduction of psychosocial stress into the neurobiology of recurrent affective disorder. Am J Psychiatry. 1992 Aug;149(8):999–1010.

40. de Assis da Silva R, Mograbi DC, Silveira LAS, Nunes ALS, Novis FD, Landeira-Fernandez J, et al. Insight Across the Different Mood States of Bipolar Disorder. Psychiatr Q. 2015 Sep;86(3):395–405.

41. Grande I, Berk M, Birmaher B, Vieta E. Bipolar disorder. Vol. 387, The Lancet. 2016. p. 1561–72.

42. Khan SJ, Fersh ME, Ernst C, Klipstein K, Albertini ES, Lusskin SI. Bipolar Disorder in Pregnancy and Postpartum: Principles of Management. Curr Psychiatry Rep. 2016;18(2):1–11.

Capítulo 7

KAY JAMISON

Introdução

A psicóloga Kay Redfield Jamison é coautora de um dos mais importantes livros sobre o transtorno bipolar (TB)[1] e é uma importante pesquisadora sobre esse transtorno mental. Uma de suas principais linhas de pesquisa é sobre a relação entre o TB e criatividade e envolve o estudo de biografias de grandes artistas.[2]

Por outro lado, Jamison também sofre de TB, como ela mesma relata em um livro autobiográfico.[3] E a sua doença é grave, pois, em paralelo aos episódios de mania e de depressão, ela apresentou sintomas psicóticos e tentativas de suicídio.

Vida familiar e amorosa

Kay Jamison nasceu nos Estados Unidos, em 22 de junho de 1946. Seus pais eram Marshall Verdine Jamison, um oficial da Força Aérea, e Mary Dell Temple Jamison. Ela é a caçula, com um irmão e uma irmã mais velhos. Em função da carreira militar do pai, a família teve que se mudar muitas vezes. Assim, na infância e na adolescência, a futura psicóloga residiu sucessivamente na Flórida, em Porto Rico, na Califórnia, em Tóquio e em Washington.[3]

Jamison teve uma adolescência feliz, praticando esportes, indo a festas e namorando muito. Por outro lado, conta que se sentia protegida pelo irmão, mas tinha um relacionamento muito conflituoso com a irmã. Além disso, via seus pais como muito distantes afetivamente um do outro, embora ainda vivessem juntos.[3]

Durante os anos de pós-graduação casou-se com um artista chamado Alain André Moreau. Seu segundo marido foi o psiquiatra Richard Wyatt, que estudava esquizofrenia no *National Institute of Mental Health*, dos Estados Unidos. Ficaram casados de 1994 a 2002, ano em que ele morreu.[4] Desde 2010, é a esposa de Thomas Traill, professor de cardiologia da Universidade Johns Hopkins.[5]

Carreira acadêmica

Interessada nas áreas médica e científica, Jamison era estimulada nessa direção pelos pais e por amigos deles. Queria fazer medicina, mas, como não se via com a disciplina necessária para o curso, optou por psicologia. Aos dezoito anos, iniciou a graduação em psicologia na Universidade da Califórnia, em Los Angeles.[3]

Em 1974, aos 28 anos, foi contratada pela Universidade da Califórnia como professora assistente.[3] Atualmente é professora do Departamento de Psiquiatria e Ciências do Comportamento da Faculdade de Medicina da Universidade Johns Hopkins, onde também é codiretora do Centro de Transtornos do Humor. Publicou mais de cem artigos científicos e recebeu vários prêmios acadêmicos.[6] Recentemente, foi finalista do Prêmio Pulitzer, por seu livro sobre o poeta Robert Lowell.[7] Publicou outros seis livros, entre os quais se destacam *Doença Maníaco-depressiva: transtorno bipolar e depressão recorrente*[1] e *Uma mente inquieta*,[3] ambos editados no Brasil.

Uma mente muito, muito inquieta

O pai de Jamison, provavelmente, também sofria de TB. Ela conta que ele apresentava episódios de depressão, nos quais não conseguia sair da cama e ficava muito pessimista, assim como outros caracterizados por "fúria" e "berros".[3]

Ela descreve que, na infância, era "propensa a inconstâncias de humor" e a "emoções intensas". Todavia, o TB parece ter se iniciado aos dezesseis ou dezessete anos, com um episódio hipomaníaco. Jamison apresentou grande aumento da energia: "corria de um lado para o outro como uma doninha enlouquecida", praticava continuamente atividades esportivas, não dormia e toda noite saía com os amigos. Estava muito eufórica e otimista: sentia-se "ótima"; para ela, "o mundo era só prazer e esperança"; estava "cheia de planos e entusiasmos borbulhantes"; e acreditava que "conseguiria fazer qualquer coisa". Tornou-se mais criativa: enchia "cadernos com poemas e fragmentos de peças". Além disso, falava rápido demais.[3]

No entanto, esse episódio de hipomania foi breve e, logo em seguida, Jamison caiu em depressão. Ela perdeu o interesse em tudo e a capacidade de sentir prazer. Isolou-se dos amigos. Sentia-se muito cansada e tinha grande dificuldade para se levantar pela manhã. Fazia todas as atividades de forma lenta. Não conseguia se concentrar em coisa alguma. Tinha preocupações recorrentes com a morte e pensava em suicídio.[3]

Durante todo o curso de graduação, Jamison apresentou diversos períodos de "exaltação", os quais eram inevitavelmente seguidos por períodos de depressão. Quando estava em hipomania, que durava semanas, fazia "compras impulsivas" – comprou mais de vinte livros de uma só vez e até mesmo um cavalo –, tinha grande facilidade para realizar as tarefas acadêmicas e participava de numerosas atividades políticas e sociais. Todavia, na depressão, "perdia todo o interesse pelo trabalho acadêmico, pelos amigos, pela leitura, por passeios ou por sonhar acordada", acordava pela manhã com "uma profunda sensação de pavor", sentia-se sem energia e solitária e desejava morrer. Ainda na faculdade, teve um episódio misto: estava agitada, irritada e com o pensamento acelerado, mas se sentia desesperada, e vinham em sua mente "imagens horríveis de morte e decomposição".[3]

Nos anos seguintes, Jamison aparentemente se manteve normal, sem crise. Contudo, em 1974, aos 28 anos, três meses depois de ter sido contratada como professora na Universidade da Califórnia, sofreu o primeiro episódio de mania franca. Já na festa de recepção aos novos docentes, sentiu-se "fabulosa, esfuziante, sedutora e segura", estava muito maquiada e "vestida de um modo extraordinariamente provocante", falou muito e com muitas pessoas. Com o agravamento da crise, dormia pouco e trabalhava demais, pensava muito rápido, tinha energia e libido em excesso, apresentou "surtos desenfreados de compras" e estava irritada, agitada e fisicamente agressiva. Nessa época, separou-se do marido e adquiriu um novo apartamento. Além disso, a sua percepção do som, especialmente de músicas, ficou anormalmente intensa, apresentou alucinações visuais aterrorizantes e começou a delirar. De acordo com o seu delírio, Deus a havia escolhido "para alertar o mundo para a proliferação descontrolada de cobras assassinas na Terra Prometida". Em função dessa crença, comprou todo o estoque de kits contra picadas de cobras numa farmácia e resolveu avisar o *Los Angeles Times* sobre o perigo.[3]

Jamison refere que seu sofrimento foi maior nesse episódio de mania psicótica do que nos episódios de depressão pelos quais havia passado anteriormente. Assim, finalmente procurou ajuda psiquiátrica. Ela reconhece que, até então, negava a própria doença, pois, para ela, os episódios de hipomania eram muito positivos. Durante esses episódios, sentia-se eufórica, dormia apenas quatro ou cinco horas por noite e conseguia ler três ou quatro livros por semana.[3]

Começou a tomar lítio ainda no final de 1974, mas, seis meses depois, por conta própria, já tinha interrompido o seu uso, em função de efeitos colaterais visuais e cognitivos e por sentir falta do ânimo exacerbado que experimentava nas fases maníacas. Semanas após parar com o medicamento, entrou em mania, que logo foi sucedida por uma depressão grave, a qual, por sua vez, durou mais de um ano e meio. Nesse episódio depressivo, apresentava angústia, total falta de energia e ideação suicida. Por um breve tempo, chegou a ser tratada com um antidepressivo, mas o medicamento a deixou mais agitada. Seu psiquiatra queria interná-la, porém ela se recusou. Jamison teve pensamentos de se jogar do oitavo andar do hospital em que trabalhava na Universidade da Califórnia. Chegou a comprar um revólver, porém depois se livrou dele. Por fim, ingeriu uma grande quantidade de comprimidos de lítio, que havia sido reintroduzido, mas sobreviveu.[3]

Discussão

Em seu livro autobiográfico, Jamison deixa claro que vivenciava as fases de exaltação de sua doença como algo extremamente agradável: "Minhas manias, pelo menos nas suas apresentações iniciais e brandas, eram estados absolutamente inebriantes que proporcionavam intenso prazer pessoal, uma fluidez incomparável de pensamentos e uma energia contínua que permitia a transposição de novas ideias para trabalhos acadêmicos e projetos".[3] De fato, é muito comum no TB o paciente só considerar como patológicos os períodos de depressão e, mesmo quando está normal, sentir certa nostalgia com relação à mania.[8,9]

Como em geral há uma baixa consciência de morbidez no TB, especialmente nas fases de mania, o paciente muitas vezes não adere ao tratamento ou tem uma adesão apenas parcial.[10] Foi o que aconteceu com Jamison, que interrompeu o uso do lítio logo após a sua introdução.[3]

Ela, contudo, acabou se tornando uma grande defensora do lítio, quando se deu conta dos benefícios dele sobre a sua doença.[3] Esse medicamento realmente é de enorme importância no tratamento do transtorno bipolar: representa um importante agente antimaníaco;[11] tem algum efeito antidepressivo;[12] ajuda a prevenir novos episódios de mania e, provavelmente, também de depressão;[13] reduz o risco de suicídio;[14] e possui ação neuroprotetora.[15]

Em um episódio de depressão, foi prescrito para Jamison um antidepressivo, o qual a deixou agitada.[3] De fato, o uso de medicamentos dessa classe na depressão bipolar é bastante problemático, pois eles podem induzir uma virada para a mania, tornar os episódios da doença mais frequentes e aumentar o risco de suicídio.[16]

Referências

1. Goodwin FK, Jamison KR. Doença Maníaco-depressiva: transtorno bipolar e depressão recorrente. 2a. edição. Porto Alegre: Artmed; 2010.
2. Jamison KR. Touched with fire: Manic-depressive illness and the artistic temperament. New York: Simon and Schuster; 1993.
3. Jamison KR. Uma mente inquieta. São Paulo: Martins Fontes; 2006.
4. Jamison KR. Nothing Was the Same: A Memoir. New York: Alfred A. Knopf; 2009.
5. Marion J. Mental Notes: A famous Hopkins psychologist gets personal when it comes to talking about bipolar disorder [Internet]. Baltimore Magazine. 2013. Available from: https://www.baltimoremagazine.com/section/health/mental-notes/
6. Kay Redfield Jamison, Ph.D., M.A. [Internet]. Johns Hopkins Medicine. Available from: https://www.hopkinsmedicine.org/profiles/details/kay-jamison
7. Jamison KR. Robert Lowell, Setting the River on Fire: A Study of Genius, Mania, and Character. New York: Alfred A. Knopf; 2017.
8. Assis da Silva R, Mograbi DC, Silveira LAS, Nunes ALS, Novis FD, Cavaco PA, et al. Mood self-assessment in bipolar disorder: a comparison between patients in mania, depression, and euthymia. Trends psychiatry Psychother. 2013;35(2):141–5.
9. Assis da Silva R, Mograbi DC, Silveira LAS, Nunes ALS, Novis FD, Landeira-Fernandez J, et al. Insight Across the Different Mood States of Bipolar Disorder. Psychiatr Q. 2015 Sep;86(3):395–405.
10. Leclerc E, Mansur RB, Brietzke E. Determinants of adherence to treatment in bipolar disorder: a comprehensive review. J Affect Disord. 2013 Jul;149(1–3):247–52.
11. Bowden CL, Brugger AM, Swann AC, Calabrese JR, Janicak PG, Petty F, et al. Efficacy of divalproex vs lithium and placebo in the treatment of mania. The Depakote Mania Study Group. JAMA. 1994 Mar 23;271(12):918–24.
12. Zornberg GL, Pope HG. Treatment of depression in bipolar disorder: new directions for research. J Clin Psychopharmacol. 1993 Dec;13(6):397–408.
13. Geddes JR, Burgess S, Hawton K, Jamison K, Goodwin GM. Long-term lithium therapy for bipolar disorder: systematic review and meta-analysis of randomized controlled trials. Am J Psychiatry. 2004 Feb;161(2):217–22.
14. Baldessarini RJ, Tondo L, Davis P, Pompili M, Goodwin FK, Hennen J. Decreased risk of suicides and attempts during long-term lithium treatment: A meta-analytic review. Bipolar Disord. 2006;8(5 II):625–39.
15. Velosa J, Delgado A, Finger E, Berk M, Kapczinski F, Azevedo Cardoso T. Risk of dementia in bipolar disorder and the interplay of lithium: a systematic review and meta-analyses. Acta Psychiatr Scand. 2020 Jun 11;141(6):510–21.
16. Cheniaux E, Nardi AE. Evaluating the efficacy and safety of antidepressants in patients with bipolar disorder. Expert Opin Drug Saf. 2019 Oct 3;18(10):893–913.

Capítulo 8

MARIA I DE PORTUGAL

Introdução

D. Maria I era mãe de D. João VI e avó de D. Pedro I, o proclamador da Independência do Brasil e primeiro imperador brasileiro.[1] Nascida em 1734, ela ascendeu ao trono de Portugal em 1777, com a morte de seu pai.[2] Em 1789, como rainha de Portugal, foi ela quem ordenou a execução de Joaquim José da Silva Xavier, o *Tiradentes*, um dos líderes do movimento separatista brasileiro conhecido como *Inconfidência Mineira*.[1] Quando, em 1807, as tropas de Napoleão invadiram o território português, D. Maria I e toda a família real fugiram para o Brasil. Oito anos depois, o nosso país deixou de ser colônia de Portugal e passou a fazer parte do Reino Unido de Portugal, Brasil e Algarves. Assim, ela se tornou o primeiro monarca da História do Brasil, onde morreria em 1816, aos 81 anos.[2]

Ainda em Portugal, em 1792, D. Maria I havia sido declarada mentalmente insana por médicos da Corte. Consequentemente, foi considerada incapaz de governar o país, sendo então substituída na administração pública por seu filho, o príncipe D. João VI.[2] Em Portugal, era chamada de *Maria, a piedosa*, mas, no Brasil, ficou conhecida como *Maria, a louca*.[3] O povo português, na época, acreditava que a rainha havia sido envenenada.[2] Em uma biografia recente de D. Maria I, Mary Del Priore[2] fala em "depressão grave". Outra biógrafa da rainha, Jenifer Roberts,[1] propõe o diagnóstico de transtorno bipolar (TB). Peters e Willis,[4] por sua vez, fazem referência a "depressão intermitente, episódios maníacos e ansiedade".

A rainha louca

D. Maria I recebeu uma educação severa, profundamente marcada pela religião, e se tornou uma católica fervorosa. Isso em uma época em que os tribunais da Inquisição, que condenaram muitos à fogueira por heresia, blasfêmia ou bruxaria, ainda não haviam sido extintos. Quanto à sua personalidade, pode-se dizer que era uma mulher austera, sóbria e discreta, conservadora no modo de se vestir.[2]

Um episódio traumático que marcou a sua juventude foi o terrível terremoto, seguido de incêndio, que, em 1755, destruiu grande parte da cidade de Lisboa. Pouco tempo depois, ela vivenciou outra experiência assustadora. Em 1758, seu pai, D. José I, então rei de Portugal, sofreu uma tentativa de assassinato. Ele estava voltando de um encontro com a amante, a jovem marquesa Teresa de Távora e Lorena. A nobre família dos Távora, que desfrutava da amizade da família real, incluindo D. Maria I, foi responsabilizada pelo atentado. Os Távora então foram presos, tiveram seus bens confiscados e foram cruelmente mortos, o que foi testemunhado, com horror, pela futura rainha de Portugal.[2,3]

Aos 26 anos, D. Maria I casou-se com D. Pedro Clemente Francisco José António, irmão do seu pai, dezessete anos mais velho do que ela. O casamento foi muito harmonioso. Ele nunca a traiu, e o casal teve seis filhos. Três dos filhos morreram ainda na infância, e outros dois, na juventude. O remanescente, D. João, posteriormente D. João VI, se tornaria rei de Portugal.[2]

O surgimento dos sintomas psiquiátricos de D. Maria I foi precedido pelas mortes de várias pessoas muito próximas a ela. Em maio de 1786, ela perdeu seu esposo e tio, vítima de trombose.[1] Até o ano seguinte, ela ainda se queixava de "melancolia",[2] mas não fica claro se era um luto normal ou se já havia adoecido mentalmente. Em setembro de 1788, morreu de varíola seu filho mais velho, D. José. Um detalhe significativo é que ela, por razões religiosas, havia se recusado a vacinar o filho contra a doença, apesar dos conselhos que havia recebido. Em novembro do mesmo ano, a mesma doença matou sua filha Mariana Vitória e, logo em seguida, o filho recém-nascido e o marido dela. Nesse mesmo mês, o confessor da rainha, frei Inácio de São Caetano, em que D. Maria I depositava uma grande confiança, sofreu uma trombose e também morreu. Por fim, em dezembro de 1788, quem faleceu foi Carlos III da Espanha, sogro de Mariana Vitória e tio de D. Maria I. Foi a sexta morte em três meses.[1-3] Diante de tantas perdas, a rainha começou a apresentar sintomas de ansiedade: "inquietude, (...) boca seca, dificuldade de engolir, visão embaçada, tremores ou ondas de calor", além de "dores no corpo".[2]

D. Maria I foi acometida por sintomas mais graves, muito provavelmente um quadro depressivo, em outubro de 1791, quando tinha 56 anos de idade. Relata-se que ela "começou a mergulhar numa grande melancolia, com angústias noturnas, sono interrompido e abatimento de espírito".[1,3] Em dezembro do mesmo ano, notou-se que ela estava "com o espírito muito em baixo" e que sofria de "reflexões melancólicas, de mal-estar na cabeça e com a mente muito afligida".[1] Nessa época, a rainha, antes "ativa e exercitada", tornou-se "mole e sedentária" e passou a se queixar de insônia e falta de apetite.[2] Sintomas desse tipo se tornariam recorrentes até o fim de sua vida, mas, com base nas informações disponíveis, não é possível estimar a frequência ou a duração dos episódios.

Nos períodos em que estava deprimida, D. Maria I apresentava intenso sentimento de culpa, provavelmente de natureza delirante. Ela se sentia em pecado e, em função disso, recusava a eucaristia. Acreditava ser responsável por todos os horrores do mundo e ter falhado em seus deveres. Dizia que as mortes de seus filhos, neto e outros entes queridos eram um castigo divino por seus pecados. Para ela, a alma de seu pai sofreria a "danação eterna", e a dela também não teria salvação, ardendo para sempre no fogo do Inferno. É possível que o desenvolvimento desses delírios estivesse relacionado, pelo menos em parte, ao seu novo confessor, D. José Maria de Melo, o bispo de Algarve, que insistentemente a pressionava a reabilitar e dar o perdão aos sobreviventes do massacre dos Távora, ordenado por seu pai. Longe de ser benevolente e confortador, ele costumava pregar sobre os horrores do Inferno e cobria a rainha de penitências.[1,2] Em determinado momento, D. Maria I apresentou ainda um delírio niilista: julgava que "estava morta e que dentro de si não tinha entranha alguma".[2]

A partir de 1792, surgiram novos sintomas, aparentemente de natureza maníaca. Foram relatados momentos de "frenesi", de "fúria". Certa vez, D. Maria I começou a "vociferar e a enfurecer-se", assustando sua família. Quando estava agitada, agredia fisicamente seus criados, atirava-lhes pratos e gritava ofensas.[1-3] Em determinada ocasião foi ao teatro e, durante a apresentação, teve um "ataque". Foi então levada para casa e, durante a noite toda, gritava, gemia e ficava "andando de um lado para o outro, puxando os próprios cabelos e dizendo palavras incoerentes". Algumas vezes, suas conversas eram "de natureza pouco casta". Outras vezes, ficava alegre e cantava, o que foi considerado fora do normal. Outro relato é bastante sugestivo de mania: "Perante o desejo de ouvir missa a uma hora pouco usual, foi levada para a capela, mas comportou-se de uma maneira muito extravagante e ficou desde então tão perturbada que deixou constrangidos todos aqueles que tomavam conta dela". Segundo diversos depoimentos, a rainha oscilava de um estado de "letargia", nos quais parecia "estar morta" e não conseguia "ser animada", para outro de "excitação violenta", o qual podia durar vários dias, fazendo com que seus ajudantes ficassem acordados a noite inteira.[1,2]

Ao longo dos anos, D. Maria I recebeu diversas formas de tratamento, nenhuma eficaz. Foi submetida a frequentes sangrias, além de banhos de água sulfurosa, dietas, clisteres e a ingestão de quinina e valeriana.[1,2] Em 1792, foi chamado a Lisboa o dr. Francis Willis, médico inglês não licenciado, para tratar a rainha de Portugal.[3] Poucos anos antes, ele havia sido aparentemente bem-sucedido no tratamento do George III, rei da Inglaterra, utilizando o que se chamava *tratamento moral*,[2] um tratamento psicológico, não físico.[5] As informações são divergentes quanto às medidas terapêuticas adotadas por Willis no caso de D. Maria I. Enquanto alguns autores[3] acreditam que o médico tenha repetido com a rainha de Portugal o modelo de psicoterapia diretiva aplicado em George III, incluindo o afastamento de situações de estresse, Jenifer Roberts[1] faz referência ao uso de camisas-de-força, banhos de água gelada, pomadas e clisteres, além de indução de vômito. De qualquer modo, ela não melhorou, e Willis a considerou incurável.[4]

Na família de D. Maria I, na qual aconteceram muitos casamentos consanguíneos,[4] foram bastante numerosos os casos de transtorno mental.[3] Seu avô Filipe V de Espanha acreditava que o fogo o consumia por dentro e que isso era uma punição por seus pecados. Ele oscilava entre a letargia extrema e explosões de violência, cantava alto e não permitia que lhe cortassem as unhas ou os cabelos. Fernando VI, filho de Felipe V e tio de D. Maria I, por sua vez, pensava que subitamente morreria caso se deitasse. Batia a cabeça contra a parede e agredia os criados. Alternava noites sem dormir com períodos de completa apatia.[1] D. Maria Vitória, também filha de Felipe V e mãe de D. Maria I, frequentemente se queixava de "melancolia" em cartas para a família.[2] Duas das três irmãs de D. Maria I, Mariana e Doroteia, também sofriam de um transtorno mental, provavelmente de depressão. Por fim, D. João VI, filho da rainha portuguesa e seu sucessor no trono, costumava apresentar episódios de "melancolia".[4]

Discussão

Os relatos de suas queixas e alterações do comportamento indicam fortemente que D. Maria I tenha apresentado diversos episódios depressivos, com sintomas psicóticos, e maníacos. Assim, o diagnóstico provável é o de TB.[6]

Na época de D. Maria I, por influência da Igreja Católica, as doenças mentais eram atribuídas a possessões demoníacas. Por outro lado, entre os médicos de então, ainda se acreditava na *teoria humoral*, segundo a qual a melancolia era causada pelo acúmulo de bile negra. Essa foi a justificativa para os tratamentos purgativos e para as sangrias aos quais a rainha portuguesa foi submetida.[7] Os conceitos modernos do que hoje chamamos de TB só seriam criados depois de sua morte, com os franceses Falret e Baillarger, na década de 1850 – *loucura circular* e *loucura de dupla forma*, respectivamente –, e com o alemão Emil Kraepelin, em 1899 – *loucura maníaco-depressiva*.[8] E somente no século XX surgiriam opções eficazes para o tratamento do TB, como a eletroconvulsoterapia, os antipsicóticos, os antidepressivos e o lítio, além de outros estabilizadores do humor.[9]

Como já referimos, diversos familiares próximos de D. Maria I sofriam de transtornos mentais, provavelmente casos de transtorno depressivo maior e de TB, o que reforça a hipótese de TB para o diagnóstico da rainha de Portugal. O TB está associado a uma alta carga genética. Estima-se entre 70 e 90% a herdabilidade desse transtorno mental.[9] Além disso, foram muito comuns os casamentos endogâmicos em sua família, e, de acordo com Mansour *et al.*,[10] consanguinidade pode ser um fator de risco para o desenvolvimento do TB.

O primeiro episódio de um transtorno do humor, particularmente o TB, com frequência ocorre após um evento de estresse.[11] Isso foi observado no caso de D. Maria I, que adoeceu mentalmente cerca de três anos após a morte de vários de seus familiares. No TB, é mais comum que o primeiro episódio seja de depressão,[9] o que aconteceu no curso da doença de D. Maria I, que só em um segundo momento passou a apresentar sintomas maníacos.

Por fim, chama a atenção o início tardio de sua doença, aos 56 anos, já que a idade média de início do TB tipo 1 é de 18,4 anos,[12] e 60% dos indivíduos com TB adoecem antes dos 21 anos.[13] No entanto, o TB de início tardio não é tão raro: entre 6% e 8% dos novos casos de TB se desenvolvem após os sessenta anos.[14] Além disso, entre 5% e 10% dos indivíduos com TB apresentam o primeiro episódio de mania ou hipomania com mais de cinquenta anos.[15]

Nota

Uma versão anterior do texto deste capítulo, em inglês e com algumas diferenças quanto ao conteúdo, foi publicada como artigo no Jornal Brasileiro de Psiquiatria.[6] O periódico autorizou formalmente esta nova publicação neste livro.

Referências

1. Roberts J. D. Maria I - A vida notável de uma rainha louca. Alfragide: Casa das letras; 2009.
2. Del Priore M. D. Maria I: As perdas e as glórias da rainha que entrou para a história como "a louca." São Paulo: Benvirá; 2019.
3. Peters TJ, Willis C. Mental health issues of Maria I of Portugal and her sisters: the contributions of the Willis family to the development of psychiatry. Hist Psychiatry. 2013 Sep;24(3):292–307.
4. Peters T, Willis C. Maria I of Portugal: Another royal psychiatric patient of Francis Willis. Br J Psychiatry. 2013 Sep 2;203(3):167–167.
5. Charland LC. Moral Treatment. In: The Encyclopedia of Clinical Psychology. Hoboken, NJ, USA: John Wiley & Sons, Inc.; 2015. p. 1–4.
6. Cheniaux E, Nardi AE, Gomes MM. What would be the psychiatric diagnosis of D. Maria I, the "mad queen"? J Bras Psiquiatr. 2021 Sep;70(3):275–9.

7. Stone MH. Healing the mind: a history of psychiatry from antiquity to the present. New York: W. W. Norton & Company; 1997.

8. Angst J, Marneros A. Bipolarity from ancient to modern times: Conception, birth and rebirth. J Affect Disord. 2001;67(1–3):3–19.

9. Carvalho AF, Firth J, Vieta E. Bipolar Disorder. Ropper AH, editor. N Engl J Med. 2020 Jul 2;383(1):58–66.

10. Mansour H, Klei L, Wood J, Talkowski M, Chowdari K, Fathi W, et al. Consanguinity associated with increased risk for bipolar I disorder in Egypt. Am J Med Genet Part B Neuropsychiatr Genet. 2009;150(6):879–85.

11. Post RM. Transduction of psychosocial stress into the neurobiology of recurrent affective disorder. Am J Psychiatry. 1992 Aug;149(8):999–1010.

12. Merikangas KR, Jin R, He JP, Kessler RC, Lee S, Sampson NA, et al. Prevalence and correlates of bipolar spectrum disorder in the World Mental Health Survey Initiative. Arch Gen Psychiatry. 2011;68(3):241–51.

13. Grande I, Berk M, Birmaher B, Vieta E. Bipolar disorder. Vol. 387, The Lancet. 2016. p. 1561–72.

14. Azorin JM, Kaladjian A, Adida M, Fakra E. Late-onset Bipolar Illness: The Geriatric Bipolar Type VI. CNS Neurosci Ther. 2012;18(3):208–13.

15. Sajatovic M, Strejilevich SA, Gildengers AG, Dols A, Al Jurdi RK, Forester BP, et al. A report on older-age bipolar disorder from the International Society for Bipolar Disorders Task Force. Bipolar Disord. 2015 Nov;17(7):689–704.

Capítulo 9

PATRICK KENNEDY

Introdução

Patrick Joseph Kennedy é sobrinho do ex-presidente dos Estados Unidos John F. Kennedy e do ex-senador Bobby Kennedy – ambos assassinados durante os respectivos mandatos – e filho do ex-senador Ted Kennedy. Ele também se tornou político e, como membro da Câmara dos Representantes do país, foi um dos principais apoiadores de um projeto que, ao se tornar lei, passou a obrigar as companhias seguradoras de saúde a ampliarem a sua cobertura, incluindo, ao lado das doenças não psiquiátricas, os transtornos mentais e a dependência química.[1]

O grande empenho de Patrick na aprovação desse projeto, e em outras causas relacionadas à saúde mental, está muito relacionado à sua luta pessoal contra a dependência química e o transtorno bipolar (TB), que ele descreve em sua autobiografia.[2]

Uma família de políticos e alcoolistas

Patrick Kennedy nasceu em Boston, capital de Massachusetts, nos Estados Unidos, em 14 de julho de 1967. Foi o caçula do casal Edward Moore "Ted" Kennedy – político, irmão de John e Bobby Kennedy – e Virginia Joan Kennedy – musicista, socialite e ex-modelo. Ted e Virginia já tinham outros dois filhos: Kara e Ted Jr.[3] Os pais de Patrick se separaram quando ele tinha dez anos de idade.[2]

Os assassinatos do presidente John e do senador Bobby foram muito traumáticos para a família Kennedy. Nesse sentido, Patrick acredita que seu pai sofria de alcoolismo e que esse problema estava diretamente relacionado ao impacto emocional produzido pelas mortes violentas dos dois irmãos. Ted jamais buscou tratamento para o alcoolismo e nunca se manteve abstêmio. Patrick, contudo, não foi diretamente afetado, pois a morte de John ocorreu antes de ele nascer e a de Bobby, antes de ele completar um ano de idade.[2]

Virginia também tinha problemas relacionados ao álcool e foi internada cinco vezes em clínicas de reabilitação. Os avós maternos, uma tia materna e o irmão de Patrick também sofriam de alcoolismo, sendo que este último chegou a ser hospitalizado para se desintoxicar.[2]

Carreira política e ativismo pró-saúde mental

Quando ainda era um estudante universitário, cursando o bacharelado em ciências, na Faculdade Providence, Patrick Kennedy foi eleito, pelo partido Democrata, para a Câmara dos Representantes do estado de Rhode Island. Aos 21 anos, em 1989, tornou-se o mais jovem da família Kennedy a ocupar um cargo eletivo.[3] Em seguida a esse primeiro mandato, que durou dois anos, foi reeleito.[2]

Em 1995, ainda pelo partido Democrata, tornou-se membro da Câmara dos Representantes dos Estados Unidos, que, no Brasil, corresponderia à Câmara Federal. Era o congressista mais jovem daquela legislatura. Renovou seu mandato até 2010, quando decidiu não mais concorrer à reeleição ou a outro posto político.[1,2]

A marca de sua atuação parlamentar foi o ativismo em prol da saúde mental. Num primeiro momento, Patrick apoiou o financiamento de diversas causas relacionadas a essa área. Posteriormente, foi um dos principais defensores da legislação conhecida como *Mental Health Parity and Addiction Equity Act*, proposta por dois senadores americanos em 2007 e aprovada no ano seguinte. Essa legislação favoreceu amplamente o tratamento de transtornos mentais e de dependência química, pois levou à equiparação, no que se refere à cobertura dos seguros de saúde, dessas condições médicas, antes discriminadas, com as demais doenças. Quando era congressista, Patrick assumiu publicamente sofrer de depressão e ter problemas com álcool e drogas, o que lhe valeu, segundo ele, de maneira surpreendente, uma "onda de simpatia" em Washington.[2]

Mesmo tendo abandonado a carreira política, Patrick continuou a apoiar a causa da saúde mental e, logo depois de deixar o Congresso dos Estados Unidos, fundou o *Kennedy Forum*. Essa organização, da qual ele é o CEO, tem como objetivos ajudar na implementação da lei de paridade de 2008, promover a pesquisa sobre doenças cerebrais, influenciar as políticas de assistência aos transtornos mentais e lutar contra o estigma, dentre outros.[4,5]

Álcool, drogas e bipolaridade

Em seu livro autobiográfico,[2] Patrick faz um longo relato dos graves sintomas psiquiátricos que apresentou desde a infância. Ainda criança, sofria de asma grave e se sentia "uma pessoa frágil". Vivenciava intensa tensão familiar, decorrente do alcoolismo da mãe, ao mesmo tempo em que via o pai como distante.

Ingeriu álcool pela primeira vez bem precocemente, aos dez anos de idade: bebeu muito vinho de arroz, em uma viagem diplomática do pai à China. No início da adolescência, fumava maconha com os amigos, apesar dos malefícios que a droga trazia para a sua asma. Com cerca de treze anos, na época do divórcio formal dos pais, iniciou tratamento psicoterápico.[2]

Patrick conta que aos quinze anos, em paralelo aos episódios recorrentes de asma, apresentava depressão, mas não dá detalhes sobre os sintomas. Na época, nos fins de semana, ingeria grande quantidade de álcool – drinks à base de vodca –, e fazia uso de cocaína. Relata ainda que, quando tinha entre dezessete e dezoito anos, "sofria de ciclos de depressão profunda e depois pequenas explosões de mania por um tempo". Com relação a esse período, descreve aumento patológico do sono – chegava a dormir dezessete horas em um dia –, prejuízo da atenção e desinibição.[2]

Aos dezoito anos, sentia-se deprimido e tinha grande dificuldade de se levantar pela manhã. Continuava a usar cocaína e beber muito e, além disso, passou a tomar alprazolam, um ansiolítico e indutor do sono. Foi então levado pela família para uma clínica de reabilitação para dependentes químicos, onde ficou internado por dez dias. Após a alta, à revelia dos médicos, continuou a beber, mas, por algum tempo, se manteve abstêmio de cocaína. Por outro lado, passou a usar abusivamente, em função de seus efeitos euforizantes, a prednisona – um corticoide prescrito para o tratamento de sua asma –, e cafeína – no café e em pílulas. Em seguida, começou tratamento com o psiquiatra Peter Kramer, que lhe prescreveu o antidepressivo imipramina.[2] Kramer, depois, se tornaria famoso ao publicar um livro de grande sucesso comercial sobre antidepressivos.[6]

Aos vinte anos, Patrick começou a sentir dores nas costas, as quais, como depois viria a ser descoberto, eram causadas por um câncer na coluna cervical. A doença foi tratada cirurgicamente. Para o alívio da dor, foram prescritos analgésicos opioides, dos quais ele também fez uso abusivo, pois aliviavam sua ansiedade. Nos anos seguintes, enquanto foi membro da Câmara dos Representantes dos Estados Unidos, de 1995 a 2010, o uso dessas substâncias seria recorrente, assim como o consumo exagerado de bebidas alcoólicas, ansiolíticos benzodiazepínicos, cafeína e anfetaminas. Em paralelo, havia os sintomas depressivos, que se acentuavam sazonalmente no inverno, e hipomaníacos. Alguns acontecimentos desse período se destacam.[2]

Em fevereiro de 2000, aos 32 anos, Patrick, em uma entrevista para a imprensa, deixou escapar que sofria de depressão e que tinha se tratado com psiquiatras. Em retrospecto, ele especula que essa revelação pública de seu problema teria sido a expressão de um quadro hipomaníaco, do mesmo modo que a sua ousada decisão, com apenas vinte anos, de concorrer a um mandato parlamentar. No final de 2000, em uma viagem com o presidente Bill Clinton, ficou alcoolizado em pleno avião presencial, o *Air Force One*, tendo vomitado no dia seguinte. Em 2004, foi hospitalizado na clínica Sierra Tucson, no Arizona. Na internação, que durou oito dias, apresentou síndrome de abstinência a opioides e sintomas depressivos. Ainda em 2004, foi internado duas vezes na Clínica Mayo, em Minnesota. Na clínica, fez uso de lítio e lamotrigina – estabilizadores do humor –, bupropiona e fluoxetina – antidepressivos –, clonazepam – ansiolítico –, zolpidem – indutor do sono – e buprenorfina – substância indicada para o tratamento da dependência de opioides.[2]

Em 2006, aos 38 anos, dormiu ao volante e provocou um acidente, batendo com o carro contra uma barreira de segurança perto do Capitólio, no meio da madrugada. Nesse dia, ironicamente, não havia consumido álcool ou opioides, mas apenas prometazina – um antialérgico com efeito sedativo – e zolpidem.[7] Dias depois, foi levado ao tribunal distrital, onde assumiu a culpa pelo acidente. Foi condenado, mas recebeu liberdade condicional, sendo obrigado a frequentar reuniões dos Alcoólicos Anônimos, submeter-se a exames de urina periódicos para a detecção de drogas, realizar horas de serviços comunitários e fazer contribuições financeiras a algumas entidades beneficentes. No final desse ano, voltou para a Clínica Mayo,[2] o que se repetiu em fevereiro de 2009.[4] Poucos meses depois, nova internação, dessa vez no hospital da Universidade George Washington.[2]

No final de 2010, Patrick, aos 43 anos, já estava conseguindo ficar sem beber e sem usar drogas, porém resolveu parar também com os medicamentos psiquiátricos. Como consequência, entrou em hipomania. Sentia-se "energizado" e com a libido aumentada: embora já estivesse envolvido com a sua futura esposa Amy, recorrentemente procurava ex-namoradas. Além disso, estava muito impulsivo: comprou uma casa para viver com Amy logo depois de tê-la conhecido. Nessa época, teve ideação suicida: pensou em pular na frente de um trem que passava quando Amy, ao descobrir sobre as suas infidelidades, rompeu o relacionamento.[2]

Desde 2011, Patrick tem se mantido abstêmio de álcool e de outras substâncias psicoativas. Continua a participar de programas de tratamento de dependência química e faz psicoterapia. Acabou se casando com Amy, com quem teve cinco filhos. Ela, que quando o conheceu, em 2010, era professora de História no ensino médio, trabalha com ele no *Kennedy Forum*.[1,4]

Discussão

Em sua autobiografia,[2] Patrick Kennedy dá muito mais destaque à sua dependência química do que às alterações do TB. No entanto, em seu relato, conseguimos reconhecer vários sintomas depressivos – hipersonia, desânimo, atenção prejudicada e ideação suicida – e maníacos – aumento da energia, desinibição, hipersexualidade, impulsividade e autoconfiança excessiva. Sem dúvida, o uso pesado e praticamente contínuo de álcool e de drogas por parte de Patrick dificulta a formulação de um diagnóstico de TB, já que diversas substâncias psicoativas, em uma situação de intoxicação ou síndrome de abstinência, podem causar quadros de mania[8] ou de depressão.[9] Contudo, o último episódio de hipomania sobre o qual ele fornece mais detalhes, ocorrido em 2010, provavelmente se deu em um período em que estava abstêmio.[2]

Por outro lado, mais de um terço dos bipolares apresentam também um transtorno por uso de substâncias. Quando essa comorbidade está presente, o TB tende a se associar às seguintes características: sexo masculino, maior número de episódios maníacos, tentativas prévias de suicídio, idade de início mais precoce, pior evolução e o subtipo 1.[10-12]

Referências

1. Storey K. Meet the Kennedys Who Are Thinking Bigger Than Politics [Internet]. Town&Country. 2021. Available from: https://www.townandcountrymag.com/society/politics/a37755631/patrick-amy-kennedy-mental-health-politics-interview/.
2. Kennedy PJ, Fried S. A Common Struggle: A Personal Journey Through the Past and Future of Mental Illness and Addiction. New York: Blue Rider Press; 2015.
3. Patrick J. Kennedy [Internet]. Wikipedia. Available from: https://en.wikipedia.org/wiki/Patrick_J._Kennedy.
4. Mazziotta J. Patrick Kennedy Marks 11 Years of Sobriety: "I Am So Proud of You," Says Wife [Internet]. People.com. 2022. Available from: https://people.com/health/patrick-kennedy-marks-11-years-of-sobriety-i-am-so-proud-of-you-says-wife/.
5. No Title [Internet]. The Kennedy Forum. Available from: https://www.thekennedyforum.org/about/one-mind-initiative/.
6. Kramer PD. Listening to Prozac. New York: Viking Press; 1993.

7. Zawel MB, Lehner M. Patrick Kennedy Admits, "I Need Help" [Internet]. People.com. 2006. Available from: https://people.com/celebrity/patrick-kennedy-admits-i-need-help/.

8. Larson EW, Richelson E. Organic Causes of Mania. Mayo Clin Proc. 1988; 63:906-12.

9. Clayton PJ, Lewis CE. The significance of secondary depression. J Affect Disord. 1981;3(1):25-35.

10. Menculini G, Steardo L, Verdolini N, Cirimbilli F, Moretti P, Tortorella A. Substance use disorders in bipolar disorders: Clinical correlates and treatment response to mood stabilizers. J Affect Disord. 2022 Mar 1;300:326-33.

11. Zamora-Rodríguez FJ, Sánchez-Waisen-Hernández MR, Guisado-Macías JA, Vaz-Leal FJ. Substance use and course of bipolar disorder in an inpatient sample. Actas Esp Psiquiatr. 2018 Sep 1;46(5):183-91.

12. Messer T, Lammers G, Muller-Siecheneder F, Schmidt RF, Latifi S. Substance abuse in patients with bipolar disorder: A systematic review and meta-analysis. Psychiatry Res. 2017 Jul 1;253:338-50.

Capítulo 10

RICHARD DREYFUSS

Introdução

Richard Stephen Dreyfuss recebeu o Oscar de melhor ator por sua atuação no filme *A garota do adeus*,[1] de 1977. Na época, com trinta anos de idade, tornou-se o mais jovem a vencer nessa categoria, vindo a ser superado somente em 2003, quando Adrien Brody, aos 29, foi premiado por seu trabalho em *O pianista*.[2-4] O papel-título em *Mr. Holland, adorável professor*[5] valeu a Dreyfuss outra indicação, em 1996, porém dessa vez ele não levou a estatueta para casa. Nesse mesmo ano, o ator foi homenageado com uma estrela na Calçada da Fama de Hollywood.[3]

Em 2006, em um documentário de Stephen Fry, *The Secret Life of the Manic Depressive*,[6] Dreyfuss revelou sofrer de transtorno bipolar (TB) e falou de maneira bastante favorável sobre o seu tratamento.[7]

Família

Dreyfuss nasceu em 29 de outubro de 1947, no Brooklyn, em Nova York, nos Estados Unidos. De origem judaica, seus pais eram o advogado corporativo e dono de restaurante Norman Dreyfus – com um S a menos mesmo – e a ativista política de esquerda Geraldine Robbins.[3,4,8] Seus avós paternos haviam migrado da Polônia e do Império Austro-húngaro para os Estados Unidos; já os maternos, de ascendência russa, eram americanos.[3] O ator era o filho do meio, com um irmão mais velho, Lorin, e uma irmã mais nova, Natalie.[8] Aos nove anos, mudou-se com a família para Los Angeles.[4] Quando tinha 21, viu seu pai se separar de sua mãe e sair de casa. Dreyfuss o considerava "distante", "forte" e "excêntrico" e nunca o perdoou por ter ido embora.[8]

O ator casou-se três vezes. Tem dois filhos e uma filha, todos do primeiro casamento: Emily, Ben e Harry. Desde 2006 está casado com a russa Svetlana Erokhin.[3,4,8]

Carreira artística

Ainda bem jovem, em Los Angeles, Dreyfuss atuou em montagens teatrais no Beverly Hills Jewish Center.[4] Aos quinze anos, estreou na televisão,[9] onde seguiu participando de diversos programas, principalmente entre meados dos anos 1960 e meados dos anos 1970.[3]

Debutou no cinema em 1967, em um pequeno e não creditado papel no aclamado filme de Mike Nichols *A Primeira Noite de um Homem*,[10] com Dustin Hoffman, Anne Bancroft e Katharine Ross. Porém, só começou a chamar a atenção em 1973, com sua interpretação em *Inimigo público nº 1*.[11] No mesmo ano, fez sucesso atuando como um dos protagonistas de *Loucuras de verão*,[12] de George Lucas. Em seguida, estabeleceu-se como uma grande estrela de Hollywood, graças às suas atuações em dois filmes de Steven Spielberg – *Tubarão* (1975)[13] e *Contatos Imediatos do Terceiro Grau* (1977) –[14] e em *A garota do adeus*,[1] que lhe deu o Oscar, além do Globo de Ouro e do BAFTA.[3,4]

Na década de 1980, esteve em vários filmes importantes. Podem ser destacados: *Um vagabundo na alta roda* (1986),[15] de Paul Mazursky, ao lado de Bette Midler e Nick Nolte; *Querem me enlouquecer* (1987),[16] com Barbra Streisand; *Tocaia* (1987),[17] com Emilio Estevez; *Luar sobre Parador*, outro de Mazursky (1988);[18] e *Além da eternidade* (1989),[19] de Spielberg.

Na década seguinte, fez, dentre outros, *Nosso querido Bob* (1991),[20] contracenando com Bill Murray, *Uma nova tocaia* (1993)[21] e *Mr. Holland: adorável professor* (1995).[5] Por seu desempenho neste último, foi indicado pela segunda vez ao Oscar de melhor ator.[3,4]

Por fim, neste século, participou de diversas outras produções cinematográficas, como o filme-catástrofe *Poseidon* (2006),[22] *W.* (2008) –[23] de Oliver Stone, interpretando o ex-vice-presidente americano Dick Cheney – e o filme de ação *RED: aposentados e perigosos* (2010).[24]

Mania, depressão, álcool, drogas e lítio

A doença de Dreyfuss iniciou-se, aos quatorze anos, com um episódio de mania. Assim ele descreveu como estava nessa época: "Eu não sabia que era um estado maníaco. Apenas pensei que estava muito feliz, e tudo o que era ruim ficara bem. De vez em quando, quando eu estava falando, eu me pegava me levantando e falando mais alto, e mais rápido, e mais alto, e mais rápido, e mais alto, e mais rápido, até meus amigos dizerem: 'OK, OK. Vamos pegar os grandes cabos de circo e jogá-los em torno de seus tornozelos e puxá-lo suavemente de volta à Terra'". Ele tinha muita energia, podia "falar como um louco" e não conseguia se concentrar em coisa alguma nem escrever, o que o impedia de fazer os deveres-de-casa da escola e de estudar. Por outro lado, frequentemente era rude com as outras pessoas, que se afastavam dele. Esse e futuros episódios foram vivenciados pelo ator como muito agradáveis: "Era tão cintilante, tão deliciosamente prazeroso. Seu cérebro parece tão vasto quanto o Universo; você pode fazer conexões que outras pessoas não podem. Você está em casa neste mundo secreto, brilhante e elevado. É como Einstein descobrindo a teoria da relatividade". "O estado maníaco me deixava em um êxtase incandescente de criação", certa vez relatou. "Quando pessoas normais olham para as estrelas, se dão conta do quanto são pequenas; eu olhava para as estrelas e me dava conta da minha grandiosidade", foi outra descrição de suas crises.[4,25-27]

Dreyfuss procurou tratamento psiquiátrico pela primeira vez aos dezenove anos, em função, segundo ele, de um episódio depressivo.[26,27] Em 1990, com cerca de 43 anos, durante as filmagens de uma produção cinematográfica, teria apresentado outro episódio depressivo, assim como em 1995, após o divórcio de sua primeira esposa. O ator, contudo, não forneceu detalhes sobre os sintomas que apresentou nas três ocasiões.[4,7,28]

Em entrevistas, contou que ansiedade era o sintoma que mais o incomodava, embora não tenha deixado claro quando ela ocorria, se na depressão ou em outra fase do TB.[7,27] Para controlar a ansiedade, como uma maneira de automedicação, usava álcool e drogas.[26]

Dreyfuss fez uso abusivo de álcool e drogas, especialmente no final da década de 1970 e início da de 1980.[3,4] Em 1982, após um acidente automobilístico, a polícia encontrou em seu carro cocaína e comprimidos de oxicodona, um opiáceo usado como analgésico. Ele foi preso e obrigado a frequentar uma clínica de reabilitação para dependentes químicos.[4,25]

Em 2017, o ator foi acusado por uma redatora de programas de televisão de assédio sexual, que teria ocorrido trinta anos antes. Segundo ela, Dreyfuss expôs seu pênis para ela, com a intenção de que ela fizesse sexo oral nele. Ele se declarou inocente, mas reconheceu que, com as mulheres, foi "um cara mau por vários anos". "Tudo o que eu fazia eu achava que era consensual. (...) Meu lema era, se você não flerta, você morre", acrescentou.[29,30] Esse comportamento inadequado com relação ao sexo oposto possivelmente estava associado ao TB, a episódios de mania, mas Dreyfuss não relacionou uma coisa à outra quando falou sobre o assunto.

Durante 23 anos, Dreyfuss tomou lítio. Segundo ele, o tratamento, embora tenha causado aumento de peso, foi muito benéfico, controlando a doença e permitindo que tivesse uma vida normal. O ator contou que depois passou a tomar um medicamento diferente, em substituição ao lítio, mas não revelou qual foi.[6,7,25,28]

Discussão

No TB, mais comumente o primeiro episódio é de depressão, porém, no caso de Dreyfuss, foi de mania.[31,32] Um início maníaco está associado a uma polaridade predominante maníaca, isto é, significativamente mais episódios de mania do que de depressão no curso da doença.[33] No que se refere ao ator, contudo, não ficou caracterizado se há uma polaridade predominante.

A idade de início da doença de Dreyfuss foi de quatorze anos, o que está dentro ou um pouco abaixo do usual. O TB tipicamente começa em torno dos vinte,[31] e mais de três quartos dos pacientes têm seus primeiros sintomas antes dos 25 anos.[34]

Um início precoce está associado a pior evolução, episódios depressivos mais graves e maior prevalência de ansiedade e de transtornos do uso de substâncias.[31] Dreyfuss, em contraste, apresentou uma evolução que aparentemente não foi tão ruim, pois, pelo que sabemos, jamais foi hospitalizado em função de um episódio de mania ou de depressão, nunca tentou se matar e conseguiu levar uma vida rica e produtiva: casou-se, criou filhos e trabalhou intensamente. Por outro lado, o ator referiu importante ansiedade e problemas com álcool e drogas. De fato, entre os indivíduos que sofrem de TB, 40,5% apresentam um transtorno de ansiedade,[35] e 56%, um transtorno do uso de substâncias comórbido ao longo da vida.[31,34]

A evolução favorável do TB de Dreyfuss se deve em grande parte à sua boa adesão ao tratamento, o que contraria a regra no TB, que se caracteriza por um uso bastante irregular dos medicamentos por parte dos pacientes.[36] O ator possui alguns elementos que estão associados a menor adesão ao tratamento, como gênero masculino, idade de início precoce e abuso de álcool e drogas.[37] No entanto, ele parece ter um alto nível de consciência de morbidez – isto é, uma boa compreensão sobre a própria doença –, o que aumenta muito as chances de maior adesão.[38]

O lítio, usado por mais de duas décadas por Dreyfuss, representa o medicamento número um no tratamento do TB. É eficaz na mania,[39] tem efeito antidepressivo,[40] ajuda a prevenir novos episódios,[41] reduz o risco de suicídio[42,43] e tem ação neuroprotetora.[44]

Referências

1. Ross H. A Garota do Adeus. Estados Unidos: Warner Bros.; 1977.
2. Polanski R. O Pianista. França, Polônia, Alemanha, Reino Unido: R.P. Productions; 2002.
3. Richard Dreyfuss [Internet]. IMDb. Available from: https://www.imdb.com/name/nm0000377/.
4. Usborne D. Richard Dreyfuss: Out of the wreckage [Internet]. Independent. 2009. Available from: https://www.independent.co.uk/news/people/profiles/richard-dreyfuss--out-of-the-wreckage-1521707.html.
5. Herek S. Mr. Holland: Adorável Professor. Estados Unidos: Hollywood Pictures; 1995.
6. Taste W. Stephen Fry: The Secret Life of A Manic Depressive (part2) [Internet]. YouTube. 2014. Available from: https://www.youtube.com/watch?v=p7tLn57pf-8.
7. Chi P. Richard Dreyfuss Opens Up About His Battle with Bipolar Disorder [Internet]. People.com. 2013. Available from: https://people.com/celebrity/richard-dreyfuss-opens-up-about-his-battle-with-bipolar-disorder/.
8. Barber R. Richard Dreyfuss: 'The one topic on which my dad would open up was sex' [Internet]. The Guardian. 2017. Available from: https://www.theguardian.com/lifeandstyle/2017/sep/08/richard-dreyfuss-the-one-topic-on-which-my-dad-would-open-up-was-sex.
9. Richard Dreyfuss [Internet]. Wikipedia. Available from: https://en.wikipedia.org/wiki/Richard_Dreyfuss.
10. Nichols M. A Primeira Noite de um Homem. Estados Unidos: Lawrence Truman Productions; 1967.
11. Milius J. Dillinger: Inimigo Público nº 1. Estados Unidos: American International Pictures; 1973.
12. Lucas G. Loucuras de Verão. Estados Unidos: Universal Pictures; 1973.
13. Spielberg S. Tubarão. Estados Unidos: Zanuck/Brown Productions; 1975.
14. Spielberg S. Contatos Imediatos do Terceiro Grau. Estados Unidos: Julia Phillips & Michael Phillips productions; 1977.
15. Mazursky P. Um Vagabundo na Alta Roda. Estados Unidos: Touchstone Pictures; 1986.
16. Ritt M. Querem me Enlouquecer. Estados Unidos: Warner Bros.; 1987.
17. Badham J. Tocaia. Estados Unidos: Touchstone Pictures; 1987.
18. Mazursky P. Luar sobre Parador. Estados Unidos: Universal Pictures; 1988.
19. Spielberg S. Além da Eternidade. Estados Unidos: Universal Pictures; 1989.
20. Oz F. Nosso Querido Bob. Estados Unidos: Touchstone Pictures; 1991.
21. Badham J. Uma Nova Tocaia. Estados Unidos: Touchstone Pictures; 1993.

22. Petersen W. Poseidon. Estados Unidos: Warner Bros.; 2006.

23. Stone O. W. Estados Unidos, Austrália, Hong Kong, Suíça, China: Lionsgate; 2008.

24. Schwentke R. RED: Aposentados e Perigosos. Estados Unidos, China: Summit Entertainment; 2010.

25. Weller S. Carrie Fisher: A Life on the Edge. New York: Farrar, Straus and Giroux; 2019.

26. The Menninger Clinic. Mindscape: Oscar-winning Actor Richard Dreyfuss on Living with Bipolar Disorder [Internet]. YouTube. 2015. Available from: https://www.youtube.com/watch?v=AsE6c4XkiAc.

27. Russell L. Richard Dreyfuss health: "It's just part of me" - actor's bipolar disorder explained [Internet]. Express. 2022. Available from: https://www.express.co.uk/life-style/health/1584708/richard-dreyfuss-health-bipolar-disorder-symptoms-treatment.

28. Dreyfuss talks about depression [Internet]. Runcorn and Widnes World. 2013. Available from: https://www.runcornandwidnesworld.co.uk/leisure/showbiz/10802875.dreyfuss-talks-about-depression/.

29. Smith D. Richard Dreyfuss: "I was a bad guy for a number of years" [Internet]. The Guardian. 2020. Available from: https://www.theguardian.com/film/2020/jun/24/richard-dreyfuss-bad-guy-hollywood-hellraising-metoo.

30. Johnston H. Richard Dreyfuss warns that #MeToo accusations are "heard as a verdict" and says that even Holocaust perpetrators were given "due process" - after a TV writer accused him of expos-ing himself to her in the '80s [Internet]. Mail Online. 2020. Available from: https://www.dailymail.co.uk/femail/article-8470237/Richard-Dreyfuss-says-MeToo-accusations-heard-verdict.html.

31. Carvalho AF, Firth J, Vieta E. Bipolar Disorder. Ropper AH, editor. N Engl J Med. 2020 Jul 2;383(1):58-66.

32. Grande I, Berk M, Birmaher B, Vieta E. Bipolar disorder. The Lancet. 2016;387:1561-72.

33. Carvalho AF, McIntyre RS, Dimelis D, Gonda X, Berk M, Nunes-Neto PR, et al. Predominant polarity as a course specifier for bipolar disorder: A systematic review. J Affect Disord. 2014;163:56-64.

34. McIntyre RS, Berk M, Brietzke E, Goldstein BI, López-Jaramillo C, Kessing LV, et al. Bipolar disorders. Lancet. 2020;396(10265):1841-56.

35. Yapici Eser H, Kacar AS, Kilciksiz CM, Yalçinay-Inan M, Ongur D. Prevalence and Associated Features of Anxiety Disorder Comorbidity in Bipolar Disorder: A Meta-Analysis and Meta-Regression Study. Front Psychiatry. 2018 Jun 27;9:229.

36. Inoue T, Sano H, Kojima Y, Yamada S, Shirakawa O. Real-World Treatment Patterns and Adherence to Oral Medication Among Patients with Bipolar Disorders: A Retrospective, Observational Study Using a Healthcare Claims Database. Neuropsychiatr Dis Treat. 2021;17:821-33.

37. Leclerc E, Mansur RB, Brietzke E. Determinants of adherence to treatment in bipolar disorder: a comprehensive review. J Affect Disord. 2013 Jul;149(1–3):247-52.

38. Gutiérrez-Rojas L, Martínez-Ortega JM, Pérez-Costillas L, Jiménez-Fernández S, Carretero MD, Gurpegui M. Illness Insight and Medication Adherence Among Patients With Bipolar Disorder. J Nerv Ment Dis. 2020 Jun 7;208(6):481-7.

39. Bowden CL, Brugger AM, Swann AC, Calabrese JR, Janicak PG, Petty F, et al. Efficacy of divalproex vs lithium and placebo in the treatment of mania. The Depakote Mania Study Group. JAMA. 1994 Mar 23;271(12):918-24.

40. Souza FG, Goodwin GM. Lithium treatment and prophylaxis in unipolar depression: a meta-analysis. Br J Psychiatry. 1991 May;158:666-75.

41. Geddes JR, Burgess S, Hawton K, Jamison K, Goodwin GM. Long-term lithium therapy for bipolar disorder: systematic review and meta-analysis of randomized controlled trials. Am J Psychiatry. 2004 Feb;161(2):217-22.

42. Cipriani A, Pretty H, Hawton K, Geddes JR. Lithium in the prevention of suicidal behavior and all-cause mortality in patients with mood disorders: A systematic review of randomized trials. Am J Psychiatry. 2005;162(10):1805-19.

43. Baldessarini RJ, Tondo L, Davis P, Pompili M, Goodwin FK, Hennen J. Decreased risk of suicides and attempts during long-term lithium treatment: A meta-analytic review. Bipolar Disord. 2006;8(5 II):625-39.

44. Velosa J, Delgado A, Finger E, Berk M, Kapczinski F, Azevedo Cardoso T. Risk of dementia in bipolar disorder and the interplay of lithium: a systematic review and meta-analyses. Acta Psychiatr Scand. 2020 Jun 11;141(6):510-21.

Capítulo II

ROBERT SCHUMANN

Introdução

Robert Schumann é considerado um dos maiores compositores da era romântica da música.[1] Durante a sua vida, apresentou diversos episódios de depressão, que se alternavam com períodos de "exaltação".[2] Aos 43 anos, após uma grave crise psicótica na qual tentou se matar, foi internado em um asilo para doentes mentais, onde morreria dois anos depois.[2,3] Segundo alguns autores,[3,4] a produtividade do artista variava em função da fase de sua doença: ele teria composto mais quando supostamente estava hipomaníaco, e menos quando se encontrava deprimido.

Vida pessoal e carreira musical

Schumann nasceu no Reino da Saxônia, na cidade de Zwickau – atualmente na Alemanha –, em 8 de junho de 1810. Foi o quinto e mais jovem filho de August Schumann – romancista, editor e livreiro – e de sua esposa Johanna.[1,5]

Na infância, Schumann teve aulas de piano com o organista Johann Gottfried Kuntsch. Antes dos sete anos de idade, já compôs as suas primeiras músicas. Por outro lado, ainda bem jovem, por influência do pai, voltou-se também para a literatura. Começou a escrever poemas e, na escola, fundou um círculo literário com os colegas. Aos quatorze, escreveu um ensaio sobre a estética da música.[5]

Aos dezesseis anos, após a morte do pai, Schumann foi induzido por sua mãe e seu tutor a estudar direito. Todavia, logo largou o curso para se dedicar à música. Em Leipzig, tornou-se aluno do famoso professor de piano Friedrich Wieck. Queria seguir carreira como pianista, porém teve que desistir, em função de uma lesão na mão, provavelmente decorrente de esforço repetitivo. Então decidiu ser compositor, crítico e editor musical.[1,5]

Durante a sua terceira década de vida, compôs algumas das mais conhecidas músicas da era romântica, entre as quais três sonatas.[1,5] Em 1834, aos 24 anos, ao lado de Wieck e outros colaboradores, fundou um periódico voltado para a música, do qual foi o principal editor por cerca de dez anos.[1]

Em 1840, casou-se com Clara, filha de Wieck, apesar da oposição de seu ex-professor. Ela se tornaria uma das pianistas mais famosas de sua época. O casal viria a ter sete filhos.[1,4,5]

Schumann foi extremamente produtivo nesse mesmo ano de 1840, durante o qual compôs mais de 130 canções, incluindo música de câmara, oratório, ópera e concertos para piano, trompas, violoncelo e violino, além de suas quatro famosas sinfonias. No ano seguinte, criou uma sinfonia em apenas quatro dias. E, em 1849, ocorreu outro pico de criatividade na sua carreira. "Não vejo nada de notável em compor uma sinfonia em um mês", declarou então.[1,4]

Em 1850, Schumann assumiu o cargo de diretor musical em Dusseldorf. No entanto, devido a desentendimentos com o coro e a orquestra, foi demitido três anos depois.[1]

Mania, depressão: música dos anjos, música do Demônio

A história familiar de Schumann, com relação a casos de transtornos mentais, é bastante rica. Seu pai era descrito como "melancólico",[2,3,6] tendo tido um "colapso nervoso" no ano em que o compositor nasceu. Assim como seu filho Robert, August Schumann apresentava picos de energia e produtividade: em um período de dezoito meses, escreveu sete romances, dentre outras obras.[4] Sua mãe, por sua vez, tinha recorrentes ataques de depressão e foi hospitalizada pelo menos uma vez em função disso.[3,4]

A sua irmã Emilie cometeu suicídio, pulando em um rio, aos 37 anos.[3,4,7] Ela sofria de uma doença psicótica crônica, possivelmente esquizofrenia.[2,6] O segundo filho de Schumann, Ludwig, passou a apresentar sintomas psicóticos aos 22 anos. Em seguida, foi internado em um asilo, onde ficou até a morte, 31 anos depois.[2-4,8] O terceiro filho do compositor tornou-se dependente de morfina.[3,4] Por fim, um primo de seu pai matou-se aos 41 anos.[2-4]

Aos dezessete anos, Schumann fez referências em seus diários e cartas a preocupações recorrentes relativas a sofrer um "colapso mental", ter uma doença e morrer.[9] Um ano depois, em 1828, descreveu o que pode ter sido o primeiro episódio do que chamou de "loucura": "Muitas vezes me sinto como se estivesse morto. Parece que estou perdendo a cabeça". Todavia, em 1829, seu estado mental era completamente diferente, e o compositor possivelmente entrou em uma fase de hipomania: muito ativo e produtivo, sentia que sua mente estava "sempre funcionando". "Às vezes estou tão cheio de música e transbordando tanto de melodia", relatou.[4]

Em 1833, aos 23 anos, após a morte de um irmão e uma cunhada, acometidos por cólera, Schumann apresentou o seu primeiro episódio depressivo grave.[2,7] Ele referiu, em uma carta para a esposa, "medo de perder a razão", sentimentos de terror e de desespero e ideação suicida.[4]

Outro episódio depressivo grave só iria ocorrer entre 1844 e 1845.[7] Entre essas duas crises de depressão, Schumann passou por períodos de impressionante produtividade artística,[9] indicando que ele possa ter estado alguma vezes hipomaníaco.[4]

Os autorrelatos de Schumann em seus diários e cartas, assim como depoimentos de sua esposa e de um médico que o acompanhou, descrevem como ele ficou em 1844. Ele se sentia fraco, desanimado e ansioso; não conseguia mais trabalhar; tinha insônia; e chorava copiosamente. Além disso, apresentava preocupações hipocondríacas: temia adoecer, enlouquecer e morrer. Em fevereiro de 1845, já havia melhorado e se encontrava alegre e produtivo, compondo, nessa época, vinte obras. Contudo, em junho daquele ano, voltou a ficar "muito esgotado".[7]

Por volta de 1850, o compositor passou a apresentar alguns sintomas físicos, que incluíam tonteira e distúrbios da audição – um zumbido – e da fala.[1,7]

No dia 10 de fevereiro de 1854, Schumann, então com 43 anos, começou a apresentar uma grave crise mental, que culminou com uma tentativa de suicídio, dezessete dias depois. Essa crise caracterizou-se por uma grande instabilidade quanto aos sintomas, que assumiram múltiplas formas. Presumivelmente foi um episódio misto - uma mistura ou alternância de sintomas maníacos e depressivos – com manifestações psicóticas – delírios e alucinações auditivas. No início, surgiram alucinações musicais, e a música que só existia em sua mente pareceu maravilhosa ao compositor. Certa noite, ele se levantou para escrever uma canção, que, segundo ele, estava sendo cantada por anjos, os quais também lhe faziam "gloriosas revelações". Em seguida, a música se tornou para ele horrível, e as vozes dos anjos se transformaram em vozes de demônios, que diziam que ele era um pecador e iria ser jogado no Inferno. Em alguns dias, as vozes voltavam a ser amistosas; em outros, ofensivas e ameaçadoras. Em determinada oportunidade, Schumann referiu que Franz Schubert, outro importante compositor, fora quem ditara para ele uma música. Por outro lado, o seu estado de humor igualmente variava muito: em alguns momentos, sentia-se irritado e temia machucar a si mesmo ou a esposa; em outros, estava "melancólico" e com baixa autoestima; em outros, se encontrava agitado e alegre. Outras informações sobre o estado do compositor também parecem antagônicas: em uma manhã, ele não conseguiu se levantar da cama, porém, em outro dia, referiu que seus "nervos cranianos estavam terrivelmente superestimulados". Apesar da gravidade dos sintomas, durante a crise, Schumann algumas vezes trabalhou normalmente e, numa noite, fez sexo com a esposa, como registra o seu diário.[4,7]

No dia 27 do mesmo mês, por volta do meio-dia, Schumann saiu de casa usando a roupa de dormir e chinelos, caminhou por cerca de dez minutos e se atirou no rio Reno. Dois ocupantes de um barco a remo o resgataram. Ele ainda lutou contra seus salvadores e tentou voltar para a água, mas não conseguiu. De maneira surpreendente, no dia seguinte à tentativa de suicídio, o compositor parecia estar normal, "em seu perfeito juízo".[3,7,8]

Anteriormente, sempre que era atendido por um médico, Schumann pedia para ser hospitalizado,[7] o que só veio acontecer no dia 4 de março de 1854, em um hospital psiquiátrico privado no vilarejo de Endenich, perto de Bonn. O diagnóstico inicialmente formulado foi o de "melancolia com delírios". O compositor ficaria internado por mais de dois anos, até a sua morte, em 29 de julho de 1856.[1,7]

Os registros feitos pelos médicos que assistiram Schumann durante a internação tornaram-se públicos mais de um século após a sua morte. De acordo com eles, ainda ocorreram alucinações musicais, mas dessa vez foram pouco proeminentes. Bem mais comuns foram as alucinações acústico-verbais: o compositor dizia que as vozes o acusavam de perversidades e de não ser o verdadeiro autor de suas músicas. Delírios igualmente foram observados: Schumann acreditava que o vinho que lhe davam na verdade era urina e que a comida estava envenenada. Além disso, sentia-se perseguido pelo Demônio e afirmava que ele lhe torcia o braço quando escrevia e o impedia de dormir. Reagia com raiva e agitação a essas vivências psicóticas e, pelo menos uma vez, foi colocado em uma camisa-de-força.[1,7]

Raiva e agitação podem ser encontradas na mania, embora, de fato, não sejam sintomas específicos dessa síndrome. Por outro lado, contudo, Schumann parece ter apresentado outros sintomas maníacos durante a internação. Apesar de estar psicótico, ele se encontrava continuamente ativo e com frequência compunha no asilo. Há o relato, inclusive, de que ele "trabalhou arduamente todos os dias durante onze dias". A maneira como ele tocava chamava muito a atenção: "quase duas horas no piano, muito selvagem e caoticamente, falando muito alto ao mesmo tempo"; ou então "em empolgação febril". Além disso, Schumann comumente estava cantando e, certa vez, tirou a roupa e mostrou seu pênis.[1,7]

Os documentos médicos do asilo também fazem menção a sintomas físicos. O compositor apresentou dores nas mãos e nos membros, formigamento nas pontas dos dedos das mãos e dos pés, movimentos anormais, grave disartria – dificuldade na articulação da fala – e anisocoria – com a pupila direita dilatada.[1,7]

Schumann morreu possivelmente de inanição. Ele vinha se recusando a se alimentar e tinha ficado extremamente emagrecido.[4,7]

Discussão

O diagnóstico de transtorno bipolar (TB) é o mais provável no caso de Schumann. Em primeiro lugar, o grande número de casos graves de transtorno mental entre os parentes próximos do compositor aponta na direção tanto da esquizofrenia como do TB, que estão relacionados a uma alta carga genética.[2] Falam a favor especificamente da hipótese de TB o curso episódico da doença e a ocorrência de crises com características depressivas e maníacas ou hipomaníacas.[2,3] Nesse sentido, esses prováveis episódios hipomaníacos seriam uma explicação para a periodicidade das explosões de criatividade de Schumann.[3,4] Por outro lado, a presença de sintomas psicóticos não implica necessariamente no diagnóstico de esquizofrenia, já que eles podem estar presentes em diversos transtornos mentais, inclusive no TB, segundo os atuais sistemas classificatórios.[10] Além disso, as alucinações auditivas apresentadas por Schumann parecem ter sido congruentes com o seu estado de humor: a música que ele ouvia era maravilhosa quando estava eufórico, porém horrível quando deprimido.[3,9] Alternativamente, alguns autores[2,11] propõem o diagnóstico de transtorno esquizoafetivo, embora não fique claro que tenham ocorrido delírios ou alucinações não apenas durante episódios de mania ou depressão mas também fora deles.[10] De qualquer modo, como houve sintomas psicóticos e maníacos simultâneos, seria um transtorno esquizoafetivo do tipo bipolar, o qual, na prática, para fins terapêuticos, não se distingue muito de um TB com sintomas psicóticos.[12]

Uma hipótese que se tornou bastante popular é a de que Schumann sofria de neurossífilis, embora nunca tenha sido comprovado que ele de fato tenha sido infectado pelo *Treponema pallidum*.[4] O aparecimento de diversos sinais físicos, especialmente anisocoria e disartria, é o principal argumento apresentado em defesa dessa hipótese.[1,7] Contudo, o compositor foi medicado no asilo com substâncias potencialmente muito tóxicas – contendo cobre, amônia e arsênico, dentre outras –,[1] as quais podem ter provocado graves lesões no seu sistema nervoso central, explicando, assim, as alterações neurológicas observadas.

Um elemento bastante peculiar no quadro clínico de Schumann foram as alucinações musicais. De modo semelhante, Ferreira *et al.*[13] descreveram alucinações musicais congruentes com o humor em uma mulher que sofria de TB, durante um episódio misto. Esse tipo de alucinação é raro, tendo sido descrito pela primeira vez por um psiquiatra francês chamado Emmanuel Régis, em 1881,[14] portanto anos após a morte de Schumann. Não somente transtornos mentais podem cursar com alucinações musicais, elas podem ser observadas ainda em casos de deficiência auditiva – o mais comum –, lesões cerebrais focais, epilepsia e intoxicação por substâncias.[15] Como já mencionado, o compositor, antes de sua mais grave crise, vinha apresentando algum tipo de distúrbio da audição.[7]

Referências

1. Steinberg R. Robert Schumann in the psychiatric hospital at Endenich. Prog Brain Res. 2015;216:233-75.

2. Domschke K. Robert Schumann's contribution to the genetics of psychosis - psychiatry in music. Br J Psychiatry. 2010 Apr;196(4):325.

3. Guu TW, Su KP. Musical creativity and mood bipolarity in Robert Schumann: A tribute on the 200th anniversary of the composer's birth. Psychiatry Clin Neurosci. 2011 Feb;65(1):113-4.

4. Jamison KR. Touched with fire: manic-depressive illness and the artistic temperament. New York: The Free Press; 1993.

5. Nauhaus G. Robert Schumann: Biography [Internet]. Schumann Netzwerk. Available from: https://www.schumann-portal.de/Biography_Robert.html

6. Gordon F. 'Robert Schumann's mental illnesses. (Genius and madness)', by Mlle Dr Pascal (1908a). Hist Psychiatry. 2015 Sep 10;26(3):359–71.

7. Worthen J. Robert Schumann: Life and death of a musician. New Haven: Yale University Press; 2007.

8. Garrison FH. The Medical History of Robert Schumann and His Family. Bull N Y Acad Med. 1934 Sep;10(9):523–38.

9. Holm-Hadulla RM, Koutsoukou-Argyraki A. Bipolar Disorder and/or Creative Bipolarity: Robert Schumann's Exemplary Psychopathology - Combining Symptomatological and Psychosocial Perspectives with Creativity Research. Psychopathology. 2018 Jan 1;50(6):379–88.

10. American Psychiatric Association. DSM-5: Manual Diagnóstico e Estatístico de Transtornos Mentais. 5a. ed. Porto Alegre: Artmed; 2014.

11. Cooper Y, Agius M. Does schizoaffective disorder explain the mental illnesses of Robert Schumann and Vincent Van Gogh? I Psychiatr Danub. 2018 Nov;30(Suppl 7):559-562.

12. Cheniaux E, Landeira-Fernandez J, Lessa Telles L, Lessa JLM, Dias A, Duncan T, et al. Does schizoaffective disorder really exist? A systematic review of the studies that compared schizoaffective disorder with schizophrenia or mood disorders. J Affect Disord. 2008 Mar;106(3):209–17.

13. Ferreira TF, Dehanov S, Figueiredo I, Santos NB. Musical hallucinations in a mixed episode - interaction between musicality and mood. Psychiatry Res. 2021 Jan 1;295:113633.

14. Alvarez Perez P, Garcia-Antelo MJ, Rubio-Nazabal E. "Doctor, I Hear Music": A Brief Review About Musical Hallucinations. Open Neurol J. 2017 Mar 8;11(1):11–4.

15. Evers S. Musical hallucinations. Curr Psychiatry Rep. 2006 Jun;8(3):205–10.

Capítulo 12

STEPHEN FRY

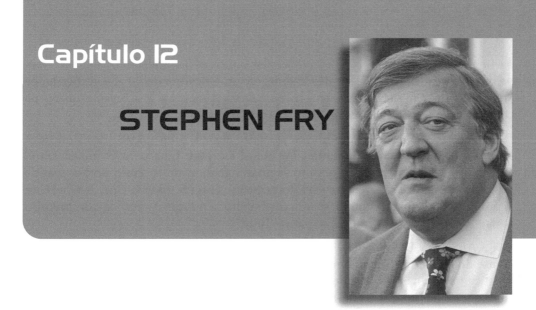

Introdução

Stephen John Fry é um ator, comediante, roteirista, escritor, apresentador de televisão, radialista e comediante inglês internacionalmente conhecido.[1] Após ter recebido o diagnóstico de transtorno bipolar (TB), aos 37 anos,[2] revelou ao mundo sua condição em diversas entrevistas[3,4] e em livros autobiográficos.[5-7] Além disso, escreveu e participou de alguns documentários sobre o tema.[8-10] E, desde 2011, é o presidente de uma instituição de caridade britânica chamada *Mind*, que se dedica a apoiar pessoas que sofrem de algum transtorno mental.[11]

Família e vida amorosa

Fry nasceu em Londres, na Inglaterra, em 24 de agosto de 1957.[12] De origem judaica, era filho de Marianne Eve Fry e do físico e inventor Alan John Fry. Tem um irmão mais velho, Roger, e uma irmã mais nova, Joanna.[1,5] Assumidamente homossexual, casou-se em 2015, os 57 anos, com Elliot Spencer, trinta anos mais novo.[13]

As múltiplas carreiras artísticas

Fry refere que, na primeira vez em que subiu ao palco, sentiu-se "absoluta e inteiramente em casa". Confessa que sempre foi obcecado pela fama.[6] Ainda adolescente, participou de peças teatrais na escola. Fez os papéis de Lysander, em *Sonho de uma noite de verão*, de Shakespeare; de Creonte, em uma mistura de *Édipo* e *Antígona*, de Sófocles; e do senhor Higgins, em *My Fair Lady*. Além disso, escreveu esquetes de comédia com um colega, nos quais ambos também atuaram.[5,6]

Em 1979, quando estava no seu primeiro ano na Universidade de Cambridge – onde iria se formar em literatura inglesa –, escreveu uma peça chamada *Latin! or Tobacco and Boys*, a qual, no ano seguinte, ganhou um prêmio no Festival de Edimburgo.[6,14] Em 1984, reescreveu a comédia musical *Me and My Girl*, de Noel Gay. A produção, que foi um grande sucesso de bilheteria no teatro, recebeu dois prêmios Lawrence Olivier e uma indicação para o Tony.[6,7]

Ainda na Universidade de Cambridge, Fry conheceu Hugh Laurie – o dr. House do seriado médico homônimo –, com quem estabeleceu uma longa parceria artística na TV, nas décadas de 1980 e 1990.[12] Juntos, os dois escreveram e atuaram em esquetes no programa *Saturday Live*.[5] Posteriormente, tiveram seus próprios programas cômicos: *Fry e Laurie*, *A Bit of Fry & Laurie* e *Jeeves and Wooster*.[14] Ainda na televisão, Fry foi o apresentador de um programa de perguntas e respostas de grande audiência na BBC, no período de 2003 a 2016.[1]

No cinema, interpretou seu ídolo Oscar Wilde no filme *Wilde* (1997),[15] pelo qual recebeu uma indicação ao Globo de Ouro de melhor ator, tendo atuado também em *Assassinato em Gosford Park* (2001), de Robert Altman,[16] e *Amor e Amizade*, de Whit Stillman (2016).[17] Fez ainda pequenos papéis em *Carruagens de Fogo* (1981),[18] *Um Peixe Chamado Wanda* (1988),[19] *A Vida e Morte de Peter Sellers* (2004),[20] *V de Vingança* (2005),[21] *Sherlock Holmes: O Jogo de Sombras* (2011)[22] e a série de filmes *O Hobbit*.[23]

Além dos relacionados ao TB, realizou pelo menos outros dois documentários: *Stephen Fry in America*, relatos de uma série de viagens pelos Estados Unidos,[1] e *Rescuing the Spectacled Bear: A Peruvian Journey* (2002), sobre a situação dos ursos-de-óculos no Peru.[12]

Fry é também um escritor altamente profícuo. Foi colunista em pelo menos três jornais diferentes. Além disso, até 2018, havia publicado 27 livros, incluindo romances, autobiografias, coletâneas de textos de sua autoria e ensaios sobre música e poesia.[12,14]

Como se isso tudo não bastasse, destacou-se ainda como locutor, narrando os textos de todos os sete romances sobre o personagem Harry Potter para os respectivos audiolivros.[1]

Altos colossais e baixos miseráveis

Fry localiza os seus primeiros sintomas psiquiátricos na adolescência. Nos internatos por que passou, ganhou diversos prêmios acadêmicos, porém apresentava comportamentos altamente problemáticos, que resultaram em algumas expulsões. Era insolente, rebelde, arrogante, piadista em excesso e, vez por outra, andava nu pela escola. O pior, contudo, é que recorrentemente praticava furtos: pegava dinheiro da bolsa da mãe e das roupas dos colegas penduradas nos vestiários e roubava doces de lojas. Como consequência, aos quatorze anos, foi levado a um psiquiatra, que diagnosticou "atraso no desenvolvimento" e prescreveu o antidepressivo amitriptilina.[2,5,7]

O primeiro episódio depressivo ocorreu aos dezessete anos, após uma discussão com o pai. Fry conta que não se lavava, preferia ficar isolado, era rude com familiares e amigos e estava com a autoestima muito baixa. Além disso, tentou se matar, ingerindo vários comprimidos de um medicamento para a asma, de aspirina e do opioide codeína.[5]

Contudo, apenas seis meses depois da tentativa de suicídio, o quadro clínico estava completamente diferente. Na ocasião, Fry roubou um cartão de crédito de um amigo da família e fugiu de casa, fazendo gastos exorbitantes por toda a Inglaterra. Ele conta que comprou "ternos ridículos com colarinho rígido e gravatas de seda da década de 1920" e que se hospedava em hotéis de luxo. Descreve esse período como "uma semana de alegria e confusão", "um estado de selvageria eufórica". Seu nome foi colocado pela família no registro de crianças desaparecidas. Localizado pela polícia, foi preso e algemado. Paradoxalmente, Fry considera o momento de sua prisão como um dos mais felizes de sua vida: "Eu estava tão feliz, tão feliz, radiante, loucamente feliz que, se pudesse cantar, teria cantado. Se eu pudesse dançar, dançaria. Eu estava livre. Finalmente estava livre. (...) Quase ri com a excitação e o glamour televisivo das algemas. (...) Eu estava sorrindo, todos estavam sorrindo. Foi um dia glorioso".[2,5,24] Fry foi levado para uma prisão para jovens infratores, onde ficou por três meses. Posteriormente, declarou-se culpado das acusações e foi sentenciado a uma pena de dois anos, mas recebeu liberdade condicional. O próprio artista classifica esse episódio como maníaco.[5,6]

Em 2006, ele revelou ter tido, até então, um total de cinco ou seis crises graves de mania, em média uma a cada cinco anos.[8] Em um de seus livros autobiográficos,[7] ele descreve uma dessas crises: "Senti-me irritado e irritado com tudo. Eu estava elétrico, mas de uma maneira que você pode chamar de negativa. Mas ontem à noite eu estava tão carregado, voando tão alto, sentindo-me tão positivo e convencido do meu valor que de repente entendi figuras históricas como Joana d'Arc e os selvagens delírios proféticos de Howard Beale, o radiante vidente da transmissão interpretado de maneira tão memorável por Peter Finch em seu último hurra póstumo vencedor do Oscar em *Rede de intrigas*". Relata que saiu para torcer por seu time, o Norwich City, em um estádio de futebol. Lá, falava, gritava, brincava e cantava sem parar, porém, naquele contexto, o seu comportamento provavelmente não chamou muito a atenção das outras pessoas. O seu relato dessa mesma noite segue assim: "Engraxei sapatos, arrumei armários, reorganizei artigos de papelaria, limpei a bagunça e preparei um jantar que levou cerca de meia hora para ser servido.

(...) Então comecei a enviar longas, longas mensagens para aqueles que eu conhecia melhor. Eu disse a eles que eu estava maníaco, mas que estava seguro e não tinha a sensação de que faria algo louco, constrangedor ou inseguro". Na manhã seguinte, escrevendo um livro, estava altamente produtivo: "palavras caindo furiosamente de dentro de mim". Mesmo fora de episódios maníacos mais graves, Fry costumava fazer gastos financeiros excessivos. "Enlouqueci comprando carros clássicos, uma casa de campo, todo tipo de coisa", relata em referência ao momento em que começou a ganhar dinheiro com o teatro.[6,7]

Também em 2006, fazendo retrospectivamente um histórico dos episódios de depressão graves prévios, Fry fez a estimativa de um total de cinco ou seis. Além disso, revelou que, considerando também as crises mais leves, em geral ficava deprimido três ou quatro vezes por ano e que cada episódio durava entre sete e dez dias.[8,9]

Além da tentativa de suicídio aos dezessete anos, o artista relata outras duas. Uma se deu em 1995, aos 37 anos. Ele foi para a garagem de sua casa e vedou a porta com um edredom. Em seguida, entrou em seu carro com o intuito de girar a chave de ignição e morrer sufocado com o monóxido de carbono. Depois de duas horas de relutância, desistiu de se matar e resolveu sair do país para nunca mais voltar. Ficou desaparecido por uma semana, causando grande furor na mídia. Nem a sua família sabia sobre o seu paradeiro. Foi parar na Bélgica. Quando mudou de ideia e retornou para a Inglaterra, recebeu, pela primeira vez, o diagnóstico de TB.[2] Esse diagnóstico representou para ele uma explicação para "os altos colossais e baixos miseráveis" que o haviam acompanhado por toda a vida.[24]

Apesar do diagnóstico, Fry não seguiu qualquer tratamento médico. Refere que, na época, tinha mais medo dos medicamentos do que da doença. Na verdade, via o TB como algo positivo e atribuía a ele grande parte do seu sucesso profissional.[9]

A outra tentativa de suicídio se deu em 2012, aos 55 anos. Foi em Uganda, imediatamente após uma entrevista que Fry realizou com um ministro daquele país, que apresentara um projeto de lei que transformava a homossexualidade em crime. Revoltado, o artista voltou para o hotel e lá ingeriu uma grande quantidade de pílulas com vodca. Foi encontrado desacordado por funcionários do hotel e levado a um hospital.[25,26]

Somente após essa última tentativa de suicídio, portanto dezessete anos depois de ter recebido o diagnóstico de TB, é que Fry, pela primeira vez, aceitou fazer uso de medicamentos psiquiátricos.[1]

Em paralelo à ocorrência dos episódios maníacos e depressivos, o artista relata o uso abusivo de substâncias. Desde os 29 anos de idade, cheirava cocaína. Além disso, bebia muito e, certa vez, foi detido pela polícia por dirigir embriagado. Ele conta ainda que, na infância e na adolescência, era altamente dependente de açúcar, o que, em parte, explica os frequentes roubos de doces que cometia, além de seus graves problemas dentários.[6,7]

Discussão

Provavelmente o primeiro episódio do TB que Fry apresentou foi aos dezessete anos, um episódio depressivo. No entanto, antes disso já havia um comportamento mal-adaptativo. Ele era muito ativo, arrogante, desinibido e impulsivo. Esses traços de personalidade são encontrados no chamado *temperamento hipertímico*, que se caracteriza pela presença, de maneira contínua, de sintomas maníacos ou hipomaníacos de levíssima intensidade. Acredita-se que a hipertimia represente uma forma atenuada de TB, já que com frequência um temperamento hipertímico precede o início do TB, e muitos indivíduos com TB têm familiares hipertímicos.[27]

O artista fazia uso frequente de álcool e, principalmente, de cocaína. Entre os bipolares, de 40% a 50% apresentam de modo concomitante um transtorno de uso de substâncias,[28,29] e de 15% a 39% são dependentes de cocaína especificamente.[30] Um estudo encontrou, em indivíduos com TB, uma associação entre uso de cocaína e menor adesão ao tratamento medicamentoso.[31]

No caso de Fry, houve um grande hiato, de vinte anos, entre o primeiro episódio do TB e o correto diagnóstico dessa condição. O intervalo médio entre o início da doença e a formulação do diagnóstico de TB é de cinco a dez anos.[32] Em um terço dos indivíduos com TB, esse atraso ultrapassa dez anos.[33]

Durante muitos anos, Fry não via suas mudanças de humor e de comportamento como manifestações patológicas. Coerentemente com isso, só começou a se tratar aos 55 anos de idade, 38 anos após o início da doença e dezessete anos após o diagnóstico. De fato, nos episódios maníacos do TB, especialmente na mania eufórica, costuma ser baixa a consciência de morbidez, isto é, o reconhecimento quanto a estar apresentando sintomas ou ter uma doença.[34,35] No TB, a adesão ao tratamento medicamentoso tende a ser baixa,[36] principalmente quando não há plena consciência de morbidez.[37]

Referências

1. Stephen Fry [Internet]. Wikipedia. Available from: https://en.wikipedia.org/wiki/Stephen_Fry.
2. Gibson O. Stephen Fry: my long battle with manic depression [Internet]. The Guardian. 2006. Available from: https://www.theguardian.com/society/2006/jul/21/mentalhealth.broadcasting.
3. King L. Stephen Fry opens up about his bipolar disorder | Larry King Now | Ora.TV [Internet]. YouTube. 2016. Available from: https://www.youtube.com/watch?v=jXfcI1yYQg8.

4. Warwick U of. Discussing depression and Bipolar Disorder with Stephen Fry [Internet]. YouTube. 2016. Available from: https://www.youtube.com/watch?v=h0jgg_4ELv8.
5. Fry S. Moab is My Washpot: a memoir. New York: Random House; 1997.
6. Fry S. The Fry Chronicles: an autobiography. London: Penguin Books; 2010.
7. Fry S. More Fool Me: a memoir. New York: Abrams Press; 2014.
8. Taste W. Stephen Fry: The secret Life of a Manic Depressive (part 1) [Internet]. YouTube. 2014. Available from: https://www.youtube.com/watch?app=desktop&v=_yT_F0dMZRU.
9. Taste W. Stephen Fry: The Secret Life of A Manic Depressive (part2) [Internet]. YouTube. 2014. Available from: https://www.youtube.com/watch?v=p7tLn57pf-8.
10. Vault BJV. The Not So Secret Life Of The Manic Depressive 10 Years On [Internet]. YouTube. 2021. Available from: https://www.youtube.com/watch?v=RFbLofj5zp4.
11. Stephen Fry is Mind's President [Internet]. Mind. Available from: https://www.mind.org.uk/about-us/celebrity-support/our-president/12. Stephen Fry [Internet]. British Council - literature. Available from: https://literature.britishcouncil.org/writer/stephen-fry#:~:text=Comedian%2C actor and writer Stephen,a highly successful writing partnership.
13. Stephen Fry, ator britânico, se casa com o namorado 30 anos mais novo [Internet]. Globo.com. 2015. Available from: https://g1.globo.com/pop-arte/noticia/2015/01/stephen-fry-ator-britanico-se-casa-com-o-namorado-elliot-spencer.html.
14. Bulbul N. What books has Stephen Fry published and who is his husband? [Internet]. Bristolpost. 2022. Available from: https://www.bristolpost.co.uk/news/celebs-tv/what-books-stephen-fry-published-6725641.
15. Gilbert B. Wilde - O Primeiro Homem Moderno. Reino Unido, Alemanha, Japão: Samuelson Productions; 1997.
16. Altman R. Assassinato em Gosford Park. Reino Unido: USA Films; 2001.
17. Stillman W. Amor e Amizade. França, Irlanda, Países Baixos: Westerly Films; 2016.
18. Hudson H. Carruagens de Fogo. Reino Unido: Enigma Production; 1981.
19. Crichton C. Um Peixe Chamado Wanda. Estados Unidos, Reino Unido: Prominent Features Production; 1988.
20. Hopkins S. A Vida e Morte de Peter Sellers. Estados Unidos, França, Reino Unido: HBO Films; 2004.
21. McTeigue J. V de Vingança. Reino Unido, Alemanha, Estados Unidos: Warner Bros.; 2005.
22. Ritchie G. Sherlock Holmes: O Jogo de Sombras. Estados Unidos, Reino Unido: Warner Bros.; 2011.
23. Jackson P. O Hobbit. Nova Zelândia, Estados Unidos: Metro-Goldwyn-Mayer; 2012.
24. Whelan L. Stephen Fry health: The condition behind star's "massive highs" and "miserable lows" [Internet]. Express. 2022. Available from: https://www.express.co.uk/life-style/health/1572815/stephen-fry-bipolar-disorder-diagnosis-manic-depression.

25. John-Baptiste A, Smythe A. Bipolar: Adam Deacon and Stephen Fry on 'lifelong struggle' [Internet]. BBC News. 2016. Available from: https://www.bbc.com/news/health-36977700.

26. Waterlow L. Stephen Fry reveals his relentless battle with "incurable" bipolar disorder in intimate conversations with his psychiatrist filmed for a BBC documentary [Internet]. Daily Mail. 2016. Available from: https://www.dailymail.co.uk/femail/article-3448045/Stephen-Fry-reveals-relentless-battle-incurable-bipolar-disorder.html.

27. Zermatten A, Aubry JM. Hyperthymic and cyclothymic temperaments: attenuated forms of bipolar disorder?. Rev Med Suisse. 2012 Sep 19;8(354):1757-60.

28. Menculini G, Steardo L, Verdolini N, Cirimbilli F, Moretti P, Tortorella A. Substance use disorders in bipolar disorders: Clinical correlates and treatment response to mood stabilizers. J Affect Disord. 2022 Mar 1;300:326-33.

29. Zamora-Rodríguez FJ, Sánchez-Waisen-Hernández MR, Guisado-Macías JA, Vaz-Leal FJ. Substance use and course of bipolar disorder in an inpatient sample. Actas Esp Psiquiatr. 2018 Sep 1;46(5):183-91.

30. Brown ES, Todd JP, Hu LT, Schmitz JM, Carmody TJ, Nakamura A, et al. A randomized, double-blind, placebo-controlled trial of citicoline for cocaine dependence in bipolar i disorder. Am J Psychiatry. 2015 Oct 1;172(10):1014-21.

31. Anugwom GO, Oladunjoye AO, Basiru TO, Osa E, Otuada D, Olateju V, et al. Does Cocaine Use Increase Medication Noncompliance in Bipolar Disorders? A United States Nationwide Inpatient Cross-Sectional Study. Cureus. 2021 Jul 28;13(7):e16696.

32. Grande I, Berk M, Birmaher B, Vieta E. Bipolar disorder. The Lancet. 2016;387:1561-72.

33. Carvalho AF, Firth J, Vieta E. Bipolar Disorder. Ropper AH, editor. N Engl J Med. 2020 Jul 2;383(1):58-66.

34. Silva R de A da, Mograbi DC, Silveira LAS, Nunes ALS, Novis FD, Cavaco PA, et al. Mood self-assessment in bipolar disorder: a comparison between patients in mania, depression, and euthymia. Trends psychiatry Psychother. 2013;35(2):141-5.

35. Silva R de A da, Mograbi DC, Camelo EVM, Bifano J, Wainstok M, Silveira LAS, et al. Insight in bipolar disorder: a comparison between mania, depression and euthymia using the Insight Scale for Affective Disorders. Trends Psychiatry Psychother. 2015 Sep;37(3):152-6.

36. Inoue T, Sano H, Kojima Y, Yamada S, Shirakawa O. Real-World Treatment Patterns and Adherence to Oral Medication Among Patients with Bipolar Disorders: A Retrospective, Observational Study Using a Healthcare Claims Database. Neuropsychiatr Dis Treat. 2021;17:821-33.

37. Gutiérrez-Rojas L, Martínez-Ortega JM, Pérez-Costillas L, Jiménez-Fernández S, Carretero MD, Gurpegui M. Illness Insight and Medication Adherence Among Patients With Bipolar Disorder. J Nerv Ment Dis. 2020 Jun 7;208(6):481-7.

Capítulo 13

SYLVIA PLATH

Introdução

A poetisa norte-americana Sylvia Plath cometeu suicídio ainda bem jovem, aos 30 anos de idade, em 1963. Ela só alcançaria maior popularidade após a morte, com a publicação, dois anos depois, de *Ariel*,[1] uma coletânea de seus poemas. Em 1981, foi lançada outra coletânea, *Collected Poems*,[2] que lhe deu, postumamente, o prêmio Pulitzer de poesia.[3]

Ela esteve deprimida durante grande parte de sua vida. Sabe-se bastante sobre o seu adoecimento mental com base em seus diários,[4] que escreveu desde a infância até sua morte. Além disso, muitas de suas vivências depressivas claramente foram incluídas em seu romance semiautobiográfico *A redoma de vidro*, publicado em 1963.[5]

Plath é a principal personagem do filme cinematográfico *Sylvia, paixão além das palavras*,[6] de 2003, no qual é interpretada pela atriz Gwyneth Paltrow. Na obra, são retratados sua insatisfação quanto ao não reconhecimento de seu trabalho, seu conturbado casamento com o também poeta Ted Hughes, que lhe era infiel, suas crises de depressão e sua trágica morte.

Origens

Sylvia Plath nasceu em Boston, Massachusetts, nos Estados Unidos, em 27 de outubro de 1932. Seu pai, Otto Emile Plath, havia migrado da Alemanha e era professor de zoologia e alemão na Universidade de Boston. Ele era diabético e morreu devido a complicações da amputação de uma perna quando a futura poetisa tinha apenas oito anos de idade. A mãe dela, Aurelia Schober Plath, 21 anos mais jovem que o marido, era uma americana de ascendência austríaca. Sylvia Plath algumas vezes expressou raiva do pai, pois se sentia abandonada por ele, e da mãe, que via como fria e crítica. Ela teve apenas um irmão, Warren, dois anos e meio mais novo.[4,7]

Carreira literária e casamento

Com apenas oito anos de idade, Sylvia Plath publicou seu primeiro poema, na seção infantil do jornal Boston Herald. Durante o ensino médio, ganhou diversos concursos literários e publicou contos e poemas em vários jornais e revistas. Ingressou no ensino superior em 1951, com uma bolsa de estudos integral, na Faculdade Smith, onde fez o curso de inglês. Formou-se, com louvor, em 1955, após defender uma tese sobre Dostoievsky. Ainda durante a graduação, no terceiro ano, tornou-se editora da revista feminina Mademoiselle. Após o fim da faculdade, recebeu convite da Universidade de Columbia para um curso de pós-graduação, mas preferiu fazer o bacharelado em artes na Faculdade Newnham, em Cambridge, na Inglaterra, novamente com bolsa integral. Durante o curso, concluído em 1957, publicava seus poemas em um jornal estudantil.[3,4,7]

Foi em Cambridge, em 1955, que Plath conheceu o poeta britânico Ted Hughes, cujo trabalho já admirava. No ano seguinte, eles se casaram. Posteriormente, o casal mudou-se para os Estados Unidos. Lá, em 1957, ela começou a lecionar inglês na Faculdade Smith, e, em 1958, trabalhou em meio expediente como secretária em uma clínica psiquiátrica do Hospital Geral de Massachusetts. Em 1959, Plath engravidou, e, em função disso, ela e Hughes voltaram a morar na Inglaterra. Em abril de 1960, nasceu a filha do casal, Frieda. Em outubro desse ano, Plath lançou em livro a sua primeira coletânea de poemas, os quais anteriormente haviam sido publicados em jornais britânicos e americanos: *The Colossus and Other Poems*.[8] A obra recebeu críticas altamente positivas no Reino Unido. No início de 1961, Plath sofreu um abortamento espontâneo, porém, em janeiro de 1962, nasceu Nicholas, o segundo filho do casal. Plath e Hughes se separaram em setembro desse ano e, depois, se divorciaram. Ela relatou que o marido a havia espancado dias antes do abortamento que sofrera. Além disso, havia descoberto que ele mantinha um relacionamento amoroso com outra mulher.[3,4,7]

Muito gás, pouco gás e suicídio... com gás

Em sua adolescência, Plath registrou em seu diário e em cartas para a mãe, evidentes oscilações do humor. No início de 1945, quando tinha doze anos de idade, queixou-se de cansaço, mas logo depois surgiu uma "sensação de excitação". Em outro momento, relatou que o seu "termômetro emocional" marcava "altamente feliz", porém, três dias após, estava "assolada pela infelicidade". Mais adiante, quando se encontrava em um acampamento, reclamou de "tristeza", mas, no dia seguinte, referiu: "Estou tão feliz que borbulha".[7]

No final de 1951, aos dezenove anos, já aluna da Faculdade Smith, apresentou um episódio depressivo, possivelmente o primeiro realmente grave. Relatou estar "terrivelmente triste", com uma "sensação miserável de 'ninguém me ama'" e com insônia. Sentia-se "afogando-se em negativismo, auto-ódio, dúvida, loucura", "além da ajuda", "vazia e com medo", em "desespero absurdo, autopiedade".[4] Na época, tentou o suicídio com gás, no dormitório da faculdade. Entretanto, no início do ano seguinte, apresentou uma "explosão de energia positiva", que fez com que ela ficasse "exercitando-se com uma louca" e estudando e trabalhando muito.[7]

Em janeiro de 1953, Plath novamente se encontrava em um estado de humor bastante elevado. De acordo com a sua autodescrição, estava "em êxtase", "mais feliz do que nunca". Além disso, reportou um "ressurgimento" de sua vida criativa.[4]

Em julho de 1953, aos vinte anos, teve uma grave crise de depressão. Parecia "distraída", "cansada" e "muito magra". Falava em um volume baixo, estava sem apetite, dormia muito pouco e se sentia "assustada, doente, letárgica" e com a "mente vazia". Tinha vontade de fugir e de se isolar, além de remorsos quanto a erros do passado e medo de fracassar em sua carreira. Apresentava ainda ideação suicida e chegou a fazer cortes com uma navalha em suas pernas para ver se tinha coragem de tirar a própria vida. Nesse mesmo mês, consultou-se com um psiquiatra, que prescreveu eletroconvulsoterapia (ECT).[4,7,9]

O tratamento, contudo, não surtiu efeito, e Plath fez duas tentativas de suicídio em agosto de 1953: primeiro, por afogamento;[7] dois dias depois, ingeriu no porão de sua casa entre quarenta e cinquenta comprimidos para dormir que o psiquiatra havia lhe prescrito. Ao acordar e se dar conta de que continuava viva, ainda queria morrer e, por isso, intencionalmente bateu com violência a cabeça contra uma pedra. Em seguida, foi internada, passando por duas unidades de saúde antes de chegar ao Hospital McLean, em Belmont, Massachusetts, em setembro de 1953. Nessa instituição, foi acompanhada pela dra. Ruth Beuscher e recebeu o diagnóstico de "transtorno psiconeurótico, reação depressiva". O tratamento consistiu, a princípio, em insulinoterapia, e, em seguida, novamente ECT, num total de seis aplicações. Dessa vez, Plath teve uma recuperação rápida e plena, o que lhe permitiu retornar logo aos estudos na Faculdade Smith.[4,7,9,10]

Entre o início de 1956 e o final de 1959, Plath apresentou amplas oscilações do humor, ora se sentindo deprimida e incapaz, ora ficando feliz e altamente produtiva. Assim ela descreveu em seu diário essas oscilações: "É como se minha vida fosse magicamente comandada por duas correntes elétricas: positiva alegre e negativa desesperadora – o que sempre está correndo no momento domina minha vida, a inunda". Em fevereiro de 1956, estava se sentindo "inútil e frouxa", com "fadiga", "desleixada e preguiçosa", mas, em março do mesmo ano, tinha "vontade de cantar enquanto limpava o quarto", não conseguia ficar quieta e estava "faminta por um grande e esmagador amor criativo". Em fevereiro de 1957, teve a sensação de que a mente estava "incrivelmente rápida" e ainda "visões de livros: poemas, romances (...) destinados a ser tão bem-sucedidos", porém, no mês seguinte, sentia-se "realmente sem criatividade", "seca e estéril". Em março de 1958, referiu estar "tomada por um frenesi", que a levou a escrever oito longos poemas em apenas oito dias, os melhores que já tinha feito, segundo ela própria. Em contraste, entre abril e julho de 1958, apresentou muitas queixas depressivas: falta de energia, prostração, incapacidade para trabalhar, exaustão, insônia, pesadelos, tristeza e pensamentos sobre morte e desespero. Sentia também angústia, que ela descreveu como "garras de coruja apertando o coração". No entanto, entre agosto de 1958 e maio de 1959, o quadro mudou: ela apresentou irritabilidade, ficou "estranhamente feliz" e experimentou uma "enxurrada de alegria, vida".[4] Durante parte desse período, estava mais criativa e escreveu seis histórias.[7] Por fim, ainda em 1959, mais alternâncias: em setembro e outubro, "muito deprimida", "incapaz de escrever" e "impotente"; no início de novembro, "feliz", "muito animada"; e, em meados de novembro, "noites mal dormidas", "sonhos ruins", "cansada, sem força, cheia de uma lassidão amarga".[4]

Em junho de 1962, Plath tentou o suicídio jogando deliberadamente o carro que dirigia em um rio. Pouco depois, em seguida à separação de Hughes, ocorrida em setembro daquele ano, teve uma explosão de produtividade. Escrevia "como uma louca" e, em menos de dois meses, produziu quarenta poemas.[3,7]

Em janeiro de 1963, aos trinta anos de idade, Plath entrou em seu último episódio de depressão, que a levaria ao suicídio. Ela havia perdido cerca de dez quilos e procurou seu clínico geral, o dr. Horder, que lhe indicou um tônico, para lhe abrir o apetite. Ele prescreveu ainda um antidepressivo, da classe dos inibidores da monoamino-oxidase (IMAO) – não se sabe se fenelzina ou tranilcipromina –, e uma pílula que continha tanto um barbitúrico, indutor do sono, como uma anfetamina, neuroestimulante. No mês seguinte, a escritora estava ainda pior: parecia exausta, não conseguia mais cuidar dos filhos e tinha insônia e impulsos suicidas.[7,9] Na manhã do dia 11 de fevereiro de 1963, matou-se na cozinha de casa, abrindo as torneiras de gás e colocando a cabeça dentro do forno, após tomar uma grande quantidade de medicamentos. Pouco antes, ela havia deixado pão e leite perto das camas dos filhos e, para protegê-los do gás, havia aberto a janela do quarto deles e vedado a porta com roupas e toalhas molhadas. Além disso, havia escrito um bilhete-suicida, no qual pedia para telefonarem para o seu clínico geral. O seu corpo foi encontrado pela enfermeira que havia contratado.[7,10]

No que se refere à história familiar de doenças mentais, sabe-se que a avó paterna da escritora fora internada, aos 63 anos, em uma instituição psiquiátrica, onde morreu. Onze anos antes da hospitalização, ela tinha apresentando um primeiro episódio de "insanidade", cujos sintomas consistiam em "dor de cabeça, perda de sono e de apetite e ansiedade persecutória". O filho de Plath, Nicholas, por sua vez, também sofria de depressão e se matou, por enforcamento, aos 46 anos.[7]

Discussão

Além dos evidentes episódios de depressão, Plath apresentou diversos períodos de hipomania, durante os quais experimentou explosões de produção criativa. De fato, alguns estudos encontraram uma associação entre sintomas maníacos leves e aumento da criatividade.[11-13] Com base no que foi descrito, presume-se que a escritora nunca tenha tido uma crise de mania franca,[10] o que faz com que o diagnóstico de transtorno bipolar (TB) do tipo 2 seja o mais provável.[14] Contudo, após a morte da poetisa, Ted Hughes relatou que por várias vezes a tinha visto intensamente raivosa e que ela tinha um "lado demoníaco, destrutivo, como eletricidade negra".[7] Assim, é possível que ela tenha ficado maníaca também, o que implicaria, alternativamente, no diagnóstico de TB tipo 1.[14]

Antes do primeiro episódio grave de sua doença e entre os episódios seguintes, Plath apresentava oscilações contínuas de seu humor, atividade e produtividade. Oscilações dessa natureza, quando a gravidade e quantidade dos sintomas não atingem o nível observado na hipomania ou mania e na depressão, podem configurar um quadro denominado *transtorno ciclotímico* ou *ciclotimia*. O transtorno ciclotímico está incluído no capítulo *Transtorno bipolar e transtornos associados* do DSM-5.[14] Ele representa uma forma atenuada do TB e pode melhorar com o lítio e outros medicamentos usados no tratamento do TB. Um elemento que indica uma associação entre o TB e a ciclotimia é o fato de que grande parte dos indivíduos que sofrem de TB possuem o que se chama de *temperamento ciclotímico*. Além disso, muitos familiares de pacientes com TB são ciclotímicos.[15]

O início da doença de Plath – aos dezenove anos, se ignorarmos o temperamento ciclotímico e usarmos como marco o primeiro episódio grave – poderia parecer relativamente precoce, porém, na verdade, corresponde ao que acontece mais comumente. Mais de 70% dos indivíduos com TB adoecem antes dos 25 anos de idade.[16] Por outro lado, a poetisa também não fugiu à regra quanto à polaridade do primeiro episódio, que geralmente é a depressiva.[17]

Entre 6% e 7% dos pacientes com TB cometem suicídio.[17] O risco é maior no TB tipo 2 do que no TB tipo 1.[16] Outros fatores de risco para suicídio no TB que Plath possuía eram: divórcio, raça caucasiana, idade inferior a 35 anos e tentativas prévias de autoextermínio.[18]

No que diz respeito ao tratamento, Plath teve uma boa resposta à ECT durante um episódio depressivo. De fato, essa modalidade terapêutica é comprovadamente eficaz no tratamento da depressão, tanto unipolar[19] como bipolar.[20,21] Em janeiro de 1963, dias antes de seu suicídio, a poetisa começou a fazer uso de um antidepressivo. Na época, os antidepressivos eram uma novidade, os primeiros haviam sido sintetizados na década anterior. A prescrição foi a de um IMAO. A monoamino-oxidase é uma enzima que degrada as monoaminas cerebrais: dopamina, noradrenalina e serotonina. Assim, a ação de um inibidor dessa enzima resulta em aumento dos níveis ou da atividade desses neurotransmissores.[22] Como Plath usou o medicamento por no máximo poucas semanas, possivelmente não houve tempo suficiente para que começasse o seu efeito. Por outro lado, o uso de antidepressivos no TB, diferentemente do que acontece na depressão unipolar, é bastante controverso, pois pode estar associado a baixa eficácia, *viradas* em curto prazo para a mania, aumento da frequência dos episódios da doença e maior risco imediato de suicídio.[23] O maior risco de suicídio se daria em função da observação de que os antidepressivos com frequência fazem melhorar a energia antes do humor. Assim, o paciente continuaria triste e sem esperança, mas teria recuperado a iniciativa e a força para colocar em prática o ato de tirar a própria vida.[7]

Referências

1. Plath S. Ariel. London: Faber and Faber; 1965.
2. Plath S. Collected Poems. Hughes T, editor. London: Faber and Faber; 1981.
3. Sylvia Plath [Internet]. britannica.com. 2022. Available from: https://www.britannica.com/biography/Sylvia-Plath.
4. Plath S. The Unabridged Journals of Sylvia Plath (1950-1962). Kukil K V., editor. New York: Anchor Books; 2000.
5. Plath S. A redoma de vidro (The Bell Jar). London: Heinemann; 1963.
6. Jeffs C. Sylvia, paixão além das palavras. Reino Unido: BBC Films; 2003.
7. Clark H. Red Comet: The Short Life and Blazing Art of Sylvia Plath. New York: Knopf Doubleday Publishing Group; 2020.
8. Plath S. The Colossus and Other Poems. London: Heinemann; 1960.
9. Andreasen NJ. Ariel's flight. The death of Sylvia Plath. JAMA J Am Med Assoc. 1974 Apr 29;228(5):595-9.
10. Németh A. Psychiatric disorder of Sylvia Plath. Psychiatr Hung. 2019;34(2):185-98.
11. Johnson SL, Murray G, Fredrickson B, Youngstrom EA, Hinshaw S, Bass JM, et al. Creativity and bipolar disorder: Touched by fire or burning with questions? Clin Psychol Rev. 2012 Feb;32(1):1-12.

12. Richards R, Kinney DK, Lunde I, Benet M, Merzel AP. Creativity in manic-depressives, cyclothymes, their normal relatives, and control subjects. J Abnorm Psychol. 1988 Aug;97(3):281-8.

13. Burkhardt E, Pfennig A, Breitling G, Pfeiffer S, Sauer C, Bechdolf A, et al. Creativity in persons at-risk for bipolar disorder – A pilot study. Early Interv Psychiatry. 2019 Oct 1;13(5):1165-72.

14. American Psychiatric Association. DSM-5: Manual Diagnóstico e Estatístico de Transtornos Mentais. 5a. ed. Porto Alegre: Artmed; 2014.

15. Zermatten A, Aubry JM. Hyperthymic and cyclothymic temperaments: attenuated forms of bipolar disorder?. Rev Med Suisse. 2012 Sep 19;8(354):1757-60.

16. McIntyre RS, Berk M, Brietzke E, Goldstein BI, López-Jaramillo C, Kessing LV, et al. Bipolar disorders. Lancet. 2020;396(10265):1841-56.

17. Carvalho AF, Firth J, Vieta E. Bipolar Disorder. Ropper AH, editor. N Engl J Med. 2020 Jul 2;383(1):58-66.

18. Miller JN, Black DW. Bipolar Disorder and Suicide: a Review. Curr Psychiatry Rep. 2020 Jan 18;22(2):6.

19. UK ECT Review Group. Efficacy and safety of electroconvulsive therapy in depressive disorders: a systematic review and meta-analysis. Lancet. 2003 Mar 8;361(9360):799-808.

20. Versiani M, Cheniaux E, Landeira-Fernandez J. Efficacy and Safety of Electroconvulsive Therapy in the Treatment of Bipolar Disorder. J ECT. 2011 Jun;27(2):153-64.

21. Schoeyen HK, Kessler U, Andreassen OA, Auestad BH, Bergsholm P, Malt UF, et al. Treatment-Resistant Bipolar Depression: A Randomized Controlled Trial of Electroconvulsive Therapy Versus Algorithm-Based Pharmacological Treatment. Am J Psychiatry. 2015 Jan;172(1):41-51.

22. Stone MH. A cura da mente: a história da psiquiatria da Antiguidade até o presente. Porto Alegre: Artmed; 1999.

23. Cheniaux E, Nardi AE. Evaluating the efficacy and safety of antidepressants in patients with bipolar disorder. Expert Opin Drug Saf. 2019;18(10):893-913.

Capítulo 14

ULYSSES GUIMARÃES

Introdução

O nome de Ulysses Guimarães está inscrito no Panteão da Pátria e da Liberdade Tancredo Neves. Esse memorial cívico, localizado em Brasília, foi construído para homenagear aqueles que foram reconhecidos oficialmente como heróis nacionais do Brasil. Até o momento, somente algumas dezenas de pessoas receberam essa homenagem: entre elas, Tiradentes, D. Pedro I, Alberto Santos-Dumont, José Bonifácio de Andrada e Silva, Heitor Villa-Lobos, Joaquim Maria Machado de Assis, Anita Garibaldi, Marechal Rondon, Anna Nery, Carlos Gomes, Chico Mendes, Rui Barbosa e Osvaldo Aranha.[1]

Desde o início da ditadura militar, em 1964, até os primeiros anos da redemocratização, Ulysses foi personagem central em cada um dos mais importantes eventos políticos no país. Ele é lembrado especialmente como um dos principais líderes da campanha das diretas-já, da candidatura de Tancredo Neves à presidência da República no Colégio Eleitoral e do processo de *impeachment* contra o presidente Fernando Collor. Além disso, presidiu a Assembleia Nacional Constituinte, que, em 1988, promulgou a nossa atual Carta Magna.[2]

Elegeu-se deputado federal por onze vezes consecutivas, tendo presidido a Câmara dos Deputados em seis legislaturas.[3,4] Em outra homenagem a Ulysses, o plenário da Câmara dos Deputados tem o seu nome, dado pouco depois de sua morte, que ocorreu em 1992.[2]

Em 1986, quando era o substituto eventual do presidente José Sarney, Ulysses recebeu o diagnóstico de psicose maníaco-depressiva (PMD), que, em parte, corresponde atualmente ao de transtorno bipolar (TB). Na época, a imprensa tornou públicos as suas alterações de comportamento e o tratamento psiquiátrico a que foi submetido, com o lítio e um antidepressivo.[2,3]

Vida privada

Ulysses Silveira Guimarães nasceu em Rio Claro, interior de São Paulo, em 6 de outubro de 1916, mas passou a adolescência em Lins, no mesmo estado. Era o mais velho dos cinco filhos da professora Amélia Correa Fontes e do coletor federal Ataliba Silveira Guimarães.[3,4]

Graduou-se na Universidade de São Paulo, na Faculdade de Direito do Largo São Francisco, na capital paulista. Era muito pobre e, para se sustentar, ministrava aulas particulares de matérias do primário. Além disso, ensinava Latim e História em vários ginásios. Depois de graduado, tornou-se professor de direito, tendo trabalhado em duas faculdades. Especializou-se em direito tributário e chegou a abrir um escritório de advocacia com um colega. Todavia, abandonou a profissão em pouco tempo, quando conseguiu emprego em uma repartição pública federal.[3,4]

Aos 38 anos, casou-se com Ida de Almeida e Silva, mais conhecida pelo apelido de *Mora*. Ela tinha 34 anos e já era viúva e mãe de um casal de filhos pequenos: Tito Enrique e Celina Ida. Ulysses sempre se referia aos dois como se fossem seus próprios filhos.[3]

Vida pública

Durante a graduação em direito, Ulysses tornou-se orador do Centro Acadêmico XI de Agosto e presidente da Associação Acadêmica Álvares de Azevedo, além de vice-presidente da União Nacional dos Estudantes (UNE). Ainda antes de ingressar na política partidária, ocupou um cargo de dirigente do Santos Futebol Clube e, mais tarde, de secretário da Federação Paulista de Futebol.[3]

Em 1945, foi um dos fundadores do Partido Social Democrático (PSD). Dois anos depois, elegeu-se deputado estadual constituinte em São Paulo.[3] Em 1950, foi vitorioso na eleição para deputado federal, e, até a sua morte, renovaria seu mandato dez vezes consecutivas.[5] Em 1956, no início da presidência de Juscelino Kubistchek, também pessedista, chegou pela primeira vez à presidência da Câmara dos Deputados. Entre 1961 e 1962, durante o breve período de parlamentarismo após a renúncia do presidente Jânio Quadros, ocupou o cargo de ministro da indústria e comércio. Tancredo Neves era o primeiro-ministro.[3,4]

O golpe militar de 1964 não provocou, a princípio, reação contrária alguma do PSD ou de Ulysses.[3] Ele, inclusive, foi convocado para colaborar com o novo regime. O presidente da Câmara, Ranieri Mazzilli, paulista e pessedista como Ulysses, solicitou que ele e outros seis congressistas elaborassem o texto de um Ato Institucional que permitisse a cassação de mandatos de parlamentares.[4-6] Ulysses cumpriu a missão e ainda, a pedido do presidente Castelo Branco, coordenou na Câmara a aprovação de uma nova lei, relativa ao direito de greve. Contudo, acabou se afastando do governo militar logo depois, quando seu nome foi incluído em uma lista de políticos paulistas acusados de corrupção. Consta que a lista era fraudulenta, tendo sido produzida pelos militares com o objetivo de atingir Mazzilli e seus aliados.[3,6]

Em 1965, após a extinção dos antigos partidos políticos pelo regime militar, foi criado o Movimento Democrático Brasileiro (MDB), que faria oposição ao governo. Ulysses foi um dos seus fundadores, tornando-se o presidente nacional do partido em 1971. Ocupou a sua presidência até 1980, quando o MDB foi extinto e substituído pelo PMDB, o qual também viria a presidir.[3,4]

Em 1973, lançou-se candidato à presidência da República, enfrentando o general Geisel, que fora escolhido pelos militares para suceder a Médici. A eleição era indireta, e a ARENA, o partido do governo, controlava o Colégio Eleitoral. Assim, Ulysses não tinha alguma chance de vencer. Todavia, essa seria uma oportunidade de denunciar a ditadura, e, por isso, a sua inscrição para o pleito foi chamada de *anticandidatura*. Proibido de falar no rádio e na televisão e censurado nos jornais, Ulysses, ao lado de seu vice, Barbosa Lima Sobrinho, então presidente da Associação Brasileira de Imprensa (ABI), percorreu o Brasil de norte a sul, recebendo substancial cobertura da mídia.[2,3,5,6]

Em 1978, para apoiar os candidatos do MDB à Câmara e ao Senado Federal, voltou a viajar pelo país. Nessa campanha, um episódio muito marcante ocorreu em Salvador. A sede do partido na capital baiana estava cercada por um grande número de policiais militares, fortemente armados e acompanhados de cães, que impediam Ulysses e seus correligionários de entrar para realizarem uma reunião. Todavia, Ulysses não se intimidou. Avançou contra o bloqueio, levantou os braços e gritou: "Respeitem o líder da oposição". Em seguida, colocou a mão no cano de um fuzil, jogou-o para o lado e, junto de seus companheiros, conseguiu ingressar na sede do partido. O grupo fez um comício de lá de dentro e depois saiu em passeata pelas ruas e praças, durante a qual o presidente do partido exclamou: "Soldados da minha pátria, baioneta não é voto, cachorro não é urna".[2,3,4,5]

Em março de 1983, o deputado Dante de Oliveira apresentou uma Proposta de Emenda Constitucional (PEC) que, se aprovada, restabeleceria as eleições diretas para a presidência da República. Várias correntes políticas da Oposição se uniram e organizaram manifestações populares em apoio à Emenda: a campanha das diretas-já. No ano seguinte, comícios, com a presença de mais de um milhão de pessoas em cada, foram realizados no Rio de Janeiro, na Candelária, e em São Paulo, no Vale do Anhangabaú. Ulysses, então presidente do PMDB, destacou-se como o maior líder do movimento, o que lhe valeu o título de *Senhor Diretas*. No entanto, faltaram 27 votos no plenário da Câmara Federal, e, assim, a PEC foi rejeitada.[2,3]

Com a derrota das diretas-já, a Oposição se articulou para vencer o candidato do governo federal, o ex-governador paulista Paulo Maluf, nas eleições indiretas. Ulysses almejava ser presidente, mas teve que aceitar a indicação do nome de Tancredo Neves, muito mais palatável para os militares, e se tornou o principal coordenador de sua campanha.[2,3,5] Naquele momento, as Forças Armadas de modo algum permitiriam que Ulysses chegasse à presidência da República, justamente ele que, em 1969, havia chamado de "os três patetas" os membros da junta militar que provisoriamente governava o Brasil.[2]

Em janeiro de 1985, Tancredo venceu Maluf no Colégio Eleitoral e foi eleito presidente. Contudo, em março, na véspera da posse, foi hospitalizado e submetido a uma cirurgia de emergência. José Sarney, o vice na chapa vitoriosa, assumiu a presidência em caráter provisório e, com a morte de Tancredo, em 21 de abril, foi definitivamente empossado. Como nesse momento não havia um vice-presidente da República, Ulysses, como presidente de Câmara, tornou-se o substituto eventual de Sarney.[3]

Em 1987, Ulysses acumulava presidências. Mantinha-se como presidente do maior partido do país, o PMDB, foi reeleito presidente da Câmara Federal, exercia interinamente a presidência da República durante as viagens de Sarney e, além disso, assumiu a presidência da Assembleia Nacional Constituinte.[3,5]

Em 5 de outubro de 1988, foi promulgada a nova Constituição Federal, que Ulysses chamou de *Constituição-cidadã*.[3] Duas frases se destacaram em seu discurso na solenidade de promulgação: "Temos ódio à ditadura, ódio e nojo!"; e "A sociedade foi Rubens Paiva, não os facínoras que o mataram!".[2] Rubens Paiva foi um deputado federal assassinado por forças que serviam ao regime militar.

Com o país redemocratizado, em 1989, foram realizadas eleições diretas para presidente da República, as primeiras desde 1960. Ulysses se lançou candidato, mas, sem o apoio de seu próprio partido e com sua imagem muito ligada ao então impopular governo Sarney, teve uma derrota humilhante. Ficou na sétima colocação, com apenas 4,4% dos votos. Fernando Collor foi o vitorioso. Desprestigiado, no ano seguinte Ulysses perdeu a presidência do PMDB para Orestes Quércia.[2,3,5]

Parecia o fim de Ulysses, mas ele renasceu das cinzas durante o processo de *impeachment* de Fernando Collor, em 1992. Incialmente Ulysses se mostrou refratário à abertura de uma Comissão Parlamentar de Inquérito (CPI) para investigar as denúncias de corrupção contra o presidente e até se reuniu com ele para lhe dar alguns conselhos. Todavia, quando as provas dos crimes se tornaram evidentes, tornou-se um dos principais articuladores do movimento que levou à cassação do mandato presidencial. Viajou ao Rio de Janeiro para convidar Barbosa Lima Sobrinho para ser signatário, ao lado do presidente da Ordem dos Advogados do Brasil (OAB), do pedido de abertura do processo de *impeachment*. Além disso, aliciou votos favoráveis na Câmara Federal e defendeu publicamente que a votação não fosse secreta. Durante a sessão que aprovou o pedido, foi ovacionado.[2,3,5]

No mesmo ano, Ulysses morreu, aos 76 anos, em um acidente de helicóptero, em Angra dos Reis, no estado do Rio. Viajava para São Paulo, onde teria um compromisso político. O helicóptero, sob intensa tempestade, caiu no mar, matando também sua esposa, D. Mora, o ex-senador Severo Gomes e sua esposa Henriqueta, além do piloto. O corpo de Ulysses foi o único que não foi localizado.[3,4]

Traços de personalidade

Ulysses nunca praticou esportes,[6] mas gostava de dançar. Estudou piano por muitos anos.[2-4] No período em que fazia o curso de direito na capital paulista, frequentava a casa do poeta Mário de Andrade.[6] Ainda jovem, venceu um concurso literário de ficção promovido pela Academia Paulista de Letras e publicou trabalhos jurídicos, ensaios biográficos, poemas e contos, além de três livros: *Tentativa* (1938), a antologia *Poesia sob as Arcadas* (1939) e o ensaio biográfico *Vida exemplar de Prudente de Morais* (1940).[3] Depois de ter se tornado um dos políticos mais importantes do país, passou a sonhar com uma cadeira na Academia Brasileira de Letras, mas, antecipando que não teria chances de ser eleito, nunca se candidatou.[6]

Tinha uma péssima orientação espacial. Não conseguia chegar a lugar algum no Congresso Nacional sem a ajuda de um funcionário de seu gabinete e era incapaz de localizar o edifício em que morava em Brasília.[2,3] Além disso, era descuidado quanto à aparência, não se preocupando muito em escolher roupas, gravatas ou sapatos ou avaliar se combinavam ou não.[2,6] Mais descuidado ainda era com relação ao dinheiro. Não aplicava seus recursos financeiros. Guardava o dinheiro em espécie, em envelopes, dentro de uma gaveta de seu apartamento, e andava com um volumoso maço de notas no bolso de trás da calça.[3]

Era relativamente boêmio, nunca indo direto do trabalho para casa. Passava antes em restaurantes para beber drinques e apreciava especialmente o *Poire*, uma aguardente de pera. Era em geral acompanhado por colegas mais jovens do seu grupo político, a chamada *turma do Poire*.[6] Vaidoso, gostava de ser reconhecido e festejado nas ruas.[6]

Do PMDB para a PMD

Em 1983, quando tinha 66 ou 67 anos de idade, Ulysses afastou-se momentaneamente de suas atividades políticas. Divulgou-se que ele fora acometido por uma "estafa". Não se tornaram públicos os sintomas que eventualmente apresentou. Esse afastamento foi muito rápido, e Ulysses logo voltou a trabalhar.[6]

Em 1986, aos 69 anos, ele se queixou para o senador Severo Gomes, seu amigo íntimo: "Estou passando por uma profunda depressão".[6] Estava pessimista, desinteressado em tudo, permanecia longos períodos sentado. Os sintomas teriam começado no ano anterior, quando da doença de Tancredo e a posse de Sarney.[2,3]

Ulysses inicialmente consultou-se com o neurologista José Lúzio, professor da Universidade de São Paulo (USP), que formulou o diagnóstico de depressão e prescreveu o antidepressivo clomipramina. Em seguida, passou a ser acompanhado também pelo hematologista e clínico geral Dalton Chamone e pelo psiquiatra Valentim Gentil Filho, ambos igualmente docentes da USP. Gentil então indicou o tratamento com lítio.[3]

Todavia, o quadro clínico logo se modificou, e Ulysses passou a apresentar um episódio claramente maníaco, entre maio e junho de 1986. Isso se deu em um momento em que ele detinha uma enorme concentração de poder: simultaneamente presidente do PMDB e da Câmara, além de substituto eventual do presidente da República. O próprio político, *a posteriori*, descreveu assim o seu estado: "Eu me dispensava de qualquer censura e espantava os que me conheciam civilizado e prudente. Depois de passada a crise, vi vídeos e li as notícias e reportagens sobre a minha doença. Eu dizia a verdade nua e crua, que não deve ser dita sem o 'manto diáfano da fantasia', em horas e locais em que não podia dizê-la".[3] Um exemplo dessa "exagerada sinceridade" por parte de Ulysses ocorreu no Palácio do Planalto, onde ele recebeu o então embaixador dos Estados Unidos na ONU, o general Vernon Walters. Quando o diplomata fez um comentário irônico sobre o protesto contra a sua presença no Brasil, Ulysses o repreendeu grosseiramente.[2]

Um episódio tipicamente maníaco ocorreu na Base Aérea de Brasília. Voltando de São Paulo, Ulysses desembarcou de um jatinho da Força Aérea Brasileira e, em uma cerimônia oficial, por ser o presidente da Câmara, foi recebido por soldados enfileirados. Ao ouvir o toque de honra executado por um clarim, quebrou o protocolo e fez continência ao cabo corneteiro. Além disso, perguntou onde ele votava e se lamentou por ele não ser eleitor em São Paulo. Em seguida, em um impulso inesperado, foi ao Palácio do Planalto para falar com Sarney, que, constrangido, notou a sua intensa excitação.[2,3,6]

Em sessões da Câmara presididas por Ulysses, ficavam evidentes suas alterações mentais. Certa vez, ele comunicou ao plenário que o deputado gaúcho Siegfried Heuser havia sido designado para uma missão oficial no exterior, só que, dois dias antes, o próprio Ulysses havia informado a morte do colega, em um acidente no Chile.[2,3] Além disso, em diversas oportunidades, interrompeu discursos dos colegas deputados e fez comentários inconvenientes sobre os oradores ou sobre os temas abordados. E, contrariando o regimento, dirigia-se aos parlamentares usando o vocativo *você* em vez de *vossa excelência*. Estava eufórico e excitado. Na época, o deputado Amaral Netto, do PDS do Rio de Janeiro, fez a seguinte descrição: "Até a voz mudou. Ulysses parece estar sob um *doping* gigantesco".[3,6]

A crise de Ulysses chamou a atenção da mídia, que, diariamente, expunha suas alterações de comportamento de maneira sensacionalista e o ridicularizava.[2] A família, então, o levou para uma fazenda de um familiar de d. Mora, no interior de São Paulo, e ele foi convencido a se licenciar das presidências do PMDB e da Câmara.[3,6]

O presidente Sarney foi informado sobre o estado de Ulysses pelo Serviço Nacional de Informações (SNI) e, preocupado, solicitou a opinião do psiquiatra Cláudio Macieira, irmão de sua esposa, d. Marly. Sem examinar diretamente Ulysses, baseado apenas em suas aparições na televisão, Macieira sugeriu um tratamento nos Estados Unidos. Assim, em junho de 1986, Ulysses – acompanhado de sua esposa d. Mora, do enteado Tito, do psiquiatra Gentil e do diplomata Júlio César Gomes dos Santos – embarcou no Boeing presidencial, cedido por Sarney, para Boston, com o objetivo de se tratar no Massachusetts General Hospital. Ao chegar aos Estados Unidos, estava excitado, falante e não conseguia dormir. Lá, consultou-se com o dr. Warren. Recuperou-se muito rapidamente e, em apenas cinco dias, estava de volta ao Brasil.[3,6]

Em 1992, durante o processo de *impeachment* contra Collor, o então presidente chamou Ulysses de "gagá" e o acusou de viver à base de remédios. Dois dias depois, no programa de entrevistas do Jô Soares na televisão, Ulysses respondeu: "Sou velho, mas não sou velhaco. Os meus remédios compro na farmácia, com receita do doutor".[2,6]

Discussão

As biografias sobre Ulysses deixam muitas lacunas relativas ao seu adoecimento mental e apresentam algumas inconsistências, inclusive a de autoria do jornalista Luiz Gutemberg,[3] a única a dedicar um capítulo inteiro ao tema.

Quanto ao diagnóstico, tanto Gutemberg[3] como Moreno[2] e Scartezini[6] usam os termos "euforia" e "depressão", que representam alterações comumente observadas no TB, mas só o primeiro menciona PMD como o diagnóstico de Ulysses. Em 1986, quando o político foi submetido a tratamento psiquiátrico, já existia a categoria diagnóstica TB, criada seis anos antes, na terceira edição da classificação da Associação Psiquiátrica Americana, o DSM-III.[7] TB não é sinônimo de PMD, porém um conceito é derivado do outro.

A principal inconsistência encontrada nas biografias refere-se ao lítio. Moreno[2] e Gutemberg[3] atribuem, erroneamente, a uma dose excessiva desse medicamento o quadro maníaco que Ulysses apresentou. De fato, níveis muito elevados de lítio no sangue podem acarretar diversos efeitos colaterais indesejáveis e até um quadro grave de intoxicação, algumas vezes letal.[9] Contudo, lítio em demasia de maneira alguma levaria a um episódio maníaco; ele, inclusive, está indicado para tratar essa fase do TB.[8] Por outro lado, Gutemberg,[3] também de maneira equivocada, explica a depressão de Ulysses como o resultado de uma deficiência de lítio no organismo. No entanto, o lítio normalmente não é encontrado no corpo humano senão em concentrações desprezíveis. Exames de sangue só vão detectá-lo se ele estiver sendo ingerido pelo indivíduo como um medicamento. Assim, não existem doenças causadas por falta de lítio.[9]

De maneira distinta, o biógrafo Scartezini[6] associa a crise de mania de Ulysses ao uso do antidepressivo. Realmente antidepressivos podem desencadear uma *virada* para a mania nos indivíduos que sofrem de TB. Contudo, mesmo com a suspensão do fármaco, os sintomas maníacos em geral se mantêm.[10] É provável que, quando o lítio foi prescrito, Ulysses já estivesse apresentando sintomas maníacos.

Dois biógrafos[2,3] associam o surgimento da depressão ao desgaste emocional a que Ulysses fora submetido com a morte de Tancredo e a posse de Sarney. Esses eventos políticos, embora tenham ocorrido cerca de um ano antes do adoecimento de Ulysses, podem ter atuado como um fator desencadeante. De fato, comumente o primeiro episódio do transtorno do bipolar é precedido por um evento de estresse.[11] No entanto, fator desencadeante é diferente de causa, representa apenas o gatilho para o desenvolvimento de uma doença para a qual já havia uma predisposição. E, como sabemos, as causas do TB são desconhecidas.[12]

Chama a atenção o começo tardio da doença de Ulysses, com quase setenta anos de idade, já que a idade média de início do TB gira em torno dos dezoito anos.[13] Contudo, entre 6% e 8% dos casos se desenvolvem após os sessenta anos.[14] Por outro lado, não se pode descartar a possibilidade de que Ulysses tenha apresentado um episódio de hipomania ou de depressão leve na juventude. Esse suposto episódio mais precoce, se foi de breve duração ou não levou a prejuízos significativos, pode ter passado despercebido.

Como vimos, Ulysses foi se tratar nos Estados Unidos. No entanto, nenhuma vantagem havia nisso do ponto de vista clínico. Todos os recursos terapêuticos e diagnósticos que ele encontrou lá existiam no nosso país. É muito provável que retirá-lo do Brasil naquele momento tenha tido como objetivo preservar a imagem de Ulysses, protegê-lo contra a superexposição na mídia. Além disso, surpreende muito a informação de que, depois de apenas cinco dias em Boston, ele tenha voltado "recuperado". No tratamento do TB e de outros transtornos mentais, quando se altera a dose de um medicamento ou se introduz um novo, o início da resposta clínica só é observado em média em algumas semanas. Mesmo a eletroconvulsoterapia não tem uma ação tão rápida.[15] Assim, ou a informação é falsa, e Ulysses nada melhorou, ou a recuperação foi espontânea, isto é, casual e independente do tratamento.

Por fim, é tentador especular sobre uma possível relação da atividade política de Ulysses com a sua doença. E se, antes do início propriamente dito do TB, em 1986, ele já apresentasse como parte de sua personalidade o que poderíamos chamar de *traços maníacos*? Isso explicaria talvez a sua capacidade de liderança e de persuasão, seu otimismo, ambição e poder de oratória, características essenciais para um grande político, como ele foi. Talvez explicasse também, pelo menos em parte, a sua coragem durante os anos de ditadura, como no episódio de Salvador, em que enfrentou os fuzis e cães da polícia militar.

Referências

1. Panteão da Pátria e da Liberdade Tancredo Neves [Internet]. Wikipédia. Available from: https://pt.wikipedia.org/wiki/Panteão_da_Pátria_e_da_Liberdade_Tancredo_Neves.
2. Moreno JB. A história de Mora: a saga de Ulysses Guimarães. Rio de Janeiro: Rocco; 2013.
3. Gutemberg L. Moisés, codinome Ulysses Guimarães. São Paulo: Companhia das Letras; 1994.
4. Liberatti AI. Ulysses Guimarães: pessoal, intransferível. Birigui: Boreal; 2008.
5. Preite Sobrinho W. Saiba mais sobre Ulysses Guimarães, defensor das Diretas e presidente da Constituinte [Internet]. Folha de São Paulo. 2008. Available from: https://www1.folha.uol.com.br/poder/2008/10/451486-saiba-mais-sobre-ulysses-guimaraes--defensor-das-diretas-e-presidente-da-constituinte.shtml.
6. Scartezini AC. Dr. Ulysses: uma biografia. São Paulo: Marco Zero; 1993.
7. APA. DSM-III: Diagnostic and Statistical Manual of Mental Disorders. 3rd ed. Washington DC: The American Psychiatry Association; 1980.
8. Cheniaux E. O tratamento farmacológico do transtorno bipolar: Uma revisão sistemática e crítica dos aspectos metodológicos do. Rev Bras Psiquiatr. 2011;33(1):72-80.
9. Chokhawala K, Lee S, Saadabadi A. Lithium. Vol. 42, StatPearls. Elsevier B.V.; 2021. p.23-32.
10. Cheniaux E, Nardi AE. Evaluating the efficacy and safety of antidepressants in patients with bipolar disorder. Expert Opin Drug Saf. 2019;18(10): 893-913.
11. Post RM. Transduction of psychosocial stress into the neurobiology of recurrent affective disorder. Am J Psychiatry. 1992 Aug;149(8):999-1010.
12. Carvalho AF, Firth J, Vieta E. Bipolar Disorder. N Engl J Med. 2020 Jul 2;383(1):58-66.
13. Merikangas KR, Jin R, He JP, Kessler RC, Lee S, Sampson NA, et al. Prevalence and correlates of bipolar spectrum disorder in the World Mental Health Survey Initiative. Arch Gen Psychiatry. 2011;68(3):241-51.
14. Azorin J-M, Kaladjian A, Adida M, Fakra E. Late-onset bipolar illness: the geriatric bipolar type VI. CNS Neurosci Ther. 2012 Mar;18(3):208-13.
15. Goodwin FK, Jamison KR. Doença Maníaco-depressiva: transtorno bipolar e depressão recorrente. 2a. edição. Porto Alegre: Artmed; 2010.

Capítulo 15

VINCENT VAN GOGH

Introdução

Vincent Willem van Gogh representa um dos nomes mais importantes da História da Arte e um dos mais populares pintores de todos os tempos. Produziu toda a sua impressionante obra, mais de oitocentas pinturas a óleo, em um período de apenas cerca de oito anos, dos 29 aos 37 anos de idade. Classificado como pós-impressionista, influenciou o fauvismo e o expressionismo alemão. Pintou principalmente paisagens – oliveiras, ciprestes, campos de trigo, girassóis –, naturezas mortas, retratos e autorretratos. Usava cores dramáticas e vibrantes, frequentemente o amarelo. Suas pinceladas eram impulsivas e expressivas; e seus traços, nervosos e descontínuos.[1]

Pelo menos cinco de seus quadros foram vendidos por mais de cinquenta milhões de dólares. No entanto, muitos se referem a van Gogh como um *gênio incompreendido*, pois, em vida, ele vendeu somente uma única tela.[1] O seu talento só foi reconhecido após a sua morte, e esse reconhecimento se deve aos esforços de sua cunhada Johanna van Gogh-Bonger, viúva de seu irmão Théo. Ela organizou exposições e vendeu alguns de seus quadros, e ainda editou e publicou as cartas entre Vincent e Théo, reunidas em um livro,[2] nas quais o pintor fala detalhadamente sobre o seu trabalho e o seu processo de criação. Dois outros fatos contribuíram também muito para a popularização, ainda que tardia, de van Gogh. O primeiro foi o lançamento, em 1956, mais de meio século após a sua morte, de um filme cinematográfico sobre a sua vida. O filme, que se chamou *Sede de viver*, foi dirigido por Vincente Minnelli e teve o galã Kirk Douglas no papel principal, interpretando van Gogh.[3] E, em 1973, foi inaugurado em Amsterdã, na Holanda, o Museu van Gogh, que tem em seu acervo permanente muitas das principais obras do pintor. A ideia do museu foi concebida pelo filho de Théo e de Johanna, que, além de sobrinho, era afilhado e xará do artista.[1]

Por outro lado, van Gogh também ficou conhecido como um *artista torturado*. Primeiro, porque, em um acesso de *loucura*, cortou com uma navalha um pedaço de sua orelha esquerda. Além disso, supostamente cometeu suicídio, aos 37 anos.[1]

Como veremos, van Gogh certamente sofria de um grave transtorno mental. Há décadas discute-se sobre qual seria o seu diagnóstico psiquiátrico, porém atualmente predomina a hipótese de transtorno bipolar (TB). Assim, para homenagear o artista, a data do seu aniversário, 30 de março, foi escolhida para celebrar o *dia mundial do TB*.

Vida, pintura e loucura

Van Gogh nasceu em Groot-Zunder, Holanda, em 30 de março de 1853. Exatamente um ano antes, seus pais tinham tido outro filho, também chamado Vincent, o qual, contudo, nascera morto. Van Gogh teve cinco irmãos, todos mais jovens que ele.[1,4]

Na infância, van Gogh era considerado pelos familiares "teimoso", "briguento", "estranho", de "temperamento difícil". Desde a adolescência, e durante toda a sua vida, seus traços de personalidade eram bastante problemáticos. Ele tinha uma aparência estranha e desagradável. Era calado e solitário, além de beligerante, irritadiço, arrogante, insubordinado, excessivamente sensível a críticas, desconfiado e esbanjador.[1,4]

Um tio de van Gogh, conhecido como Cent, era um dos donos de uma galeria de arte chamada Goupil, sediada em Paris. Em 1869, aos 16 anos, o futuro pintor ganhou um emprego como vendedor em uma sucursal da Goupil em Haia, na Holanda. Teve um início promissor e, três anos e meio depois, foi transferido para a sucursal de Londres.[1,4]

Provavelmente a doença de van Gogh começou em 1874, aos 20 ou 21 anos, em Londres, com um episódio depressivo. Nessa época, ele apresentou descuido da aparência e das atividades profissionais, isolamento social e redução do apetite. Depois disso, não conseguiu mais trabalhar adequadamente e com frequência era visto discutindo com os clientes, acusando-os de mau gosto artístico. Como consequência, acabou sendo demitido da Goupil.[1,4]

Aos 24 anos, van Gogh decidiu então se tornar pastor, a profissão do pai. Na época, ocorreu outro episódio depressivo, só que, agora, com sintomas psicóticos. Sentia-se culpado e se submetia a diversas autopunições: batia em si próprio com um bastão, alimentava-se apenas de pão e se privava do sono ou passava a noite na rua, exposto ao frio, estendido no chão. Nas cartas, a sua caligrafia se deteriorou, e o seu discurso se tornou incoerente e cheio de ideias absurdas. Além disso, ele pensou em suicídio.[1,4]

Aos 25 anos, van Gogh fracassou no concurso para a faculdade de teologia e, assim, aceitou atuar como mero evangelista, função religiosa inferior, que não necessitava de formação acadêmica. Foi enviado como missionário para Borinage, na Bélgica, no final de 1878. Lá, já aos 26 anos, foi acometido por um quadro muito sugestivo de mania psicótica. Em sua missão, deu assistência a trabalhadores que tinham se acidentado na explosão de uma mina de carvão, mas o fazia de maneira exagerada, com um fervor fora do normal. Realizava serviços domésticos, rezava à cabeceira das vítimas e cuidava de seus ferimentos, trabalhando "dia e noite". Além disso, doou todos os seus pertences a esses mineiros, incluindo sapatos, roupas e dinheiro. Recusava-se a comer qualquer coisa exceto pão seco e ficou extremamente emagrecido. Deixou de cuidar da higiene. Dormia no chão, sem cobertor. Saía sem agasalho no inverno. Andava descalço e usava roupas feitas de saco. Como o seu comportamento foi considerado muito inadequado, foi demitido. Em seguida, pegou um trem até a fronteira francesa e, de lá, andou sem parar por quilômetros, talvez querendo chegar a Calais, na França. Depois, foi para a casa da família, na Holanda, onde seu pai resolveu interná-lo numa instituição para doentes mentais, o que, contudo, não aconteceu, pois van Gogh voltou para Borinage. Na ocasião, ele decidiu abandonar a vida religiosa e se tornar um artista, a princípio se dedicando ao desenho.[1,4]

Em 1880, aos 27 anos, começou a receber ajuda financeira de seu irmão Théo, o que se manteria até o final de sua vida. Foi morar em Bruxelas, na Bélgica e, no ano seguinte, com os pais, em Etten, na Holanda. Nesse período, apaixonou-se intensamente por uma prima, Kate Vos-Stricker, mas não foi correspondido. Reagiu à rejeição com agressividade, o que gerou graves conflitos familiares. Além disso, teve um grave desentendimento com o pai.[1,4]

Em 1882, mudou-se para Haia. Lá, teve lições com o pintor Mauve, porém brigava recorrentemente com ele. Ainda em Haia, conheceu a prostitua Sien, com quem viveu maritalmente por quinze meses. Ela já tinha uma filha e estava grávida. Nasceu um menino, e van Gogh cuidou dele como se fosse seu filho. Ele manifestou a intenção de se casar com Sien, porém acabou a abandonando, em função da pressão de sua família, escandalizada com aquela união. É nesse ano de 1882, aos 29 anos, que van Gogh começou a se dedicar à pintura.[1,4]

Em dezembro de 1883, van Gogh voltou a morar com a família, agora em Nuenen, Holanda. Lá, envolveu-se com Margo Begeman, mas a família dela a impediu de se casar com ele. Em 1884, aos 31 anos, ainda em Nuenen, outro provável episódio de depressão. Ele apresentou insônia, diminuição do apetite e emagrecimento intenso. Queixava-se de fraqueza, melancolia e angústia. Foi descrito como irritado, triste e infeliz.[1,4]

No ano seguinte, possivelmente estava maníaco. Sentia-se identificado com os camponeses e queria viver como eles, sacrificar-se por eles, como um mártir. Só comia pão preto, recusando carne e bolo, que considerava "comida de luxo", e emagreceu extremamente.[1,4]

Ainda em 1885, aos 32 anos, van Gogh estava cada vez mais agressivo, e o conflito com o pai se intensificou. Quando o pai faleceu, van Gogh foi acusado pela irmã Anna de ter provocado a sua morte e foi expulso de casa. Antes de ir embora, assumindo essa culpa, abriu mão de sua parte na herança do pai.[1,4]

Em 1886, aos 33 anos, mudou-se para Paris e se alojou no apartamento do irmão Théo. Na capital da França, frequentava assiduamente prostíbulos e contraiu sífilis. Também lá, foi apresentado aos pintores impressionistas – como Toulouse-Lautrec, Pissarro, Bernard, dentre outros – por Théo, que, ao contrário do irmão, vinha fazendo uma carreira bem-sucedida na Goupil e vendia, ou tentava vender, os quadros desses artistas.[1,4]

Nos seus dois últimos anos de vida, entre 1888 e 1890, a doença de van Gogh se agravou. Por coincidência ou não, nesse período ele pintou mais da metade de seus quadros.[1,4]

Em fevereiro de 1888, van Gogh foi para Arles, no sul da França. Lá, com a mesada que recebia de Théo, alugou a famosa *Casa Amarela*, onde esperava criar uma colônia de pintores, que trabalhariam juntos. Nesse mesmo ano, van Gogh, aos 34 ou 35 anos de idade, provavelmente apresentou um episódio hipomaníaco. Em cartas para Théo, relatou que se sentia feliz, "muitíssimo bem", "carregado de eletricidade", "uma locomotiva de pintar". Trabalhava muito, mas não ficava nem um pouco cansado: "eu faria mais um quadro nesta mesma noite e o terminaria". "As ideias para o trabalho me vêm em abundância", disse ele. O pintor Paul Gauguin, que estava com van Gogh em Arles, ficou impressionado com o ritmo acelerado da produção do colega.[1,4]

Na véspera do Natal de 1888, van Gogh teve uma grave crise, com características de mania disfórica e psicótica. Após uma discussão com Gauguin, cortou o lóbulo de sua orelha esquerda e tentou entregá-lo a uma prostituta, a favorita do colega. Mais tarde, foi encontrado inconsciente em casa pela polícia. Perdera muito sangue, mas ainda estava vivo. Foi então internado no hospital de Arles. Ali, queria se deitar com outros doentes, expulsou a freira designada para cuidar dele, teve acessos de fúria, não se alimentava, não dormia, gritava, tinha alucinações auditivas e visuais e se sentia ameaçado. Foi levado a uma cela, onde ficou isolado e amarrado a um leito de ferro.[1,4]

No hospital de Arles, van Gogh foi assistido pelo Dr. Félix Rey, que não era alienista, termo que corresponde ao que hoje chamamos de psiquiatra. O médico fez o seguinte diagnóstico: "uma espécie de epilepsia caracterizada por alucinações e por episódios de agitação confusa, cujas crises eram favorecidas por excessos de álcool". O diretor da instituição, o Dr. Ulpar, também não alienista, disse, no entanto, que van Gogh fora "acometido de mania aguda com *delirium* generalizado". Em poucos dias, em 7 de janeiro de 1889, o pintor foi considerado "curado" e recebeu alta.[1,4]

Entre janeiro e fevereiro de 1889, van Gogh apresentava alucinações auditivas – *vozes* lhe faziam censuras – e delírios persecutórios – recusava-se a comer, pois acreditava que queriam envená-lo. Também tinha *visões* e perseguia desconhecidos na rua, invadindo suas casas. Em função disso, foi levado de volta para o hospital de Arles, mas melhorou rapidamente e logo saiu da internação.[1,4]

Entre 25 de fevereiro e 23 de março de 1889, van Gogh ficou internado de novo no hospital de Arles, levado pela polícia. Dessa vez, contudo, não estava em crise, e a hospitalização se deveu a uma petição assinada por seus vizinhos para expulsá-lo da cidade.[1,4]

Em seguida, entre abril e maio de 1889, van Gogh, aos 36 anos, parecia estar deprimido e pediu para ser hospitalizado novamente. Tinha "angústias", "sentimentos de vazio e de cansaço na cabeça", "melancolias" e "remorsos atrozes". Pensava em suicídio. Sentia-se incapaz de voltar a trabalhar e de ficar sozinho. Estava com a autoestima baixa e não via valor algum em sua obra artística. Foi então internado no asilo Saint-Paul-de-Mausole, em Saint-Rémy, ainda na França. Lá, foi acompanhado por outro médico não alienista, o Dr. Peyron, que manteve o diagnóstico de mania, mas falou também em epilepsia. Quando melhorou, em julho, van Gogh recebeu autorização para ir a Arles pegar telas que deixara ali, mas, na viagem, sofreu nova crise de depressão psicótica. Apresentava alucinações visuais e auditivas, além de delírios persecutórios – julgava que o envenenavam, roubavam e vigiavam, que estava aprisionado por autoridades católicas. Tinha uma visão depreciativa do seu trabalho, quase não falava, comia pouco. Sentia-se solitário e sem esperança e tentou o suicídio ingerindo tinta.[1,4]

Entre dezembro de 1889 e abril de 1890, van Gogh apresentou três episódios de depressão. Na época do Natal, após uma semana de "exaltação" e "violência", referiu estar desanimado, entediado, deprimido, solitário e desamparado. Sentia-se culpado por ter contrariado o pai e empobrecido a sua família, e ainda por sua própria doença. Novamente tentou se matar com a ingestão de tinta. Em janeiro, passava o dia sentado, com a cabeça entre as mãos, se autorrecriminando. Não conseguia pintar, ler ou escrever. E, em fevereiro, quando outra vez obteve licença para ir a Arles, teve outra crise, que foi mais grave e durou dois meses. Foi encontrado vagando pelas ruas. Apresentava alucinações, diminuição da ingestão alimentar e emagrecimento. Não conseguia ler ou coordenar o pensamento. Referia tristeza e sentimento de culpa. Novamente tentou o suicídio com tinta.[1,4]

Em maio de 1890, aos 37 anos, van Gogh foi de novo tido como "curado", recebendo alta de Saint-Paul, um ano após ter sido admitido na instituição.[1,4]

Entre maio e junho de 1890, van Gogh estava em Auvers-sur-Oise, no norte da França, onde, num curto espaço de tempo, apresentou amplas flutuações de humor, porém não foi internado. Primeiro, mostrou-se feliz e jovial nas cartas para o irmão Théo e produziu, de modo impressionante, setenta telas em setenta dias. Depois, disse se sentir um "fracassado", para logo em seguida ser considerado "curado" pela terceira vez, agora pelo Dr. Gachet, também não alienista.[1,4]

Em 27 de julho de 1890, van Gogh parecia estar bem e saiu após o almoço para o campo para pintar, como sempre fazia. No entanto, só retornou à noite e estava sangrando. Tinha uma bala em seu abdômen e, quando questionado, admitiu ter atirado contra si próprio. Morreu trinta horas depois, na madrugada do dia 29, aos 37 anos, ao lado de Théo, que chegara de Paris. Foi o irmão quem ouviu as suas últimas palavras: "Falhei mais uma vez... Não chore, fiz isso para o bem de todos... A tristeza duraria para sempre".[1,4]

Nos últimos anos, no entanto, a hipótese de suicídio tem sido questionada. Foram apresentados alguns argumentos contra ela: van Gogh não se mostrou mentalmente alterado no dia em que foi baleado; não foi encontrada uma carta-suicida; a cabeça e o peito, e não o abdômen, são os alvos preferenciais das pessoas que se matam com arma de fogo; e não havia marca de pólvora em seu abdômen, indicando que o tiro não foi à queima roupa.[5] Além disso, o material de pintura de van Gogh jamais foi encontrado, o que sugere que ele não estava sozinho.[4]

Anos depois da morte do pintor, surgiu uma nova versão para o fato. Um homem revelou a um jornalista que, quando era adolescente, conhecera van Gogh em Auvers-sur-Oise e, nesse lugar, costumava fazer *bullying* contra ele. Contou ainda que, embora fosse menor de idade, tinha uma arma de fogo, com a qual brincava. Ainda segundo ele, o pintor havia se matado com essa arma, após arrancá-la de suas mãos.[4] Provavelmente nunca saberemos com certeza se foi suicídio, homicídio ou acidente, mas não se pode esquecer que van Gogh tinha apresentado recorrentemente, no curso de sua doença, ideação e comportamentos suicidas.

O debate sobre o diagnóstico

No decorrer dos anos, as manifestações psicopatológicas apresentadas por van Gogh foram atribuídas a diversas condições clínicas, psiquiátricas e não psiquiátricas. Karl Jaspers[6] defendia que van Gogh tinha esquizofrenia, em função de uma suposta mudança da técnica de pintura do artista a partir do *incidente da orelha*, que expressaria uma ruptura de sua personalidade, fenômeno observado na doença.

Porfiria intermitente aguda foi o diagnóstico formulado por Loftus e Arnold[7] e apoiado por Correa.[8] Essa doença, decorrente de um distúrbio enzimático hereditário, acomete a pele e o sistema nervoso central e pode cursar com convulsões, sintomas psicóticos e depressão.

Gastaut,[9] por sua vez, acreditava que van Gogh sofria de epilepsia parcial complexa. O principal indício de que esse seria o diagnóstico mais correto é o fato de o artista jamais ter conseguido se lembrar de ter cortado a própria orelha, já que, nesse tipo de epilepsia, é muito comum haver amnésia relativa às crises *a posteriori*.

O diagnóstico de neurossífilis foi proposto por diversos autores.[10] Weissman,[11] por sua vez, supôs que havia evidências convincentes de que van Gogh sofria as consequências de uma intoxicação por chumbo, que pode levar a diversas manifestações neuropsiquiátricas. O chumbo fazia parte da composição da tinta e poderia ser absorvido pela pele e atingir o sistema nervoso central. Além disso, como mencionado, van Gogh, mais de uma vez, ingeriu tinta em tentativas de suicídio.

Lee[12] levantou a hipótese de intoxicação por medicamentos digitálicos, usados no tratamento de insuficiência cardíaca. O predomínio da cor amarela nas telas de van Gogh é a justificativa para essa hipótese, pois essas substâncias podem causar xantopsia, distúrbio visual em que os objetos parecem amarelados aos olhos do doente.

Já Arenberg *et al.*[13] sugeriram que a principal doença de Vincent fosse a síndrome de Ménière. Esse quadro se caracteriza por vertigem, perda auditiva e zumbido, e este último sintoma explicaria o *episódio da orelha*.

Todas as hipóteses diagnósticas apresentadas acima apresentam importantes fragilidades. Primeiramente, van Gogh não apresentou o embotamento afetivo típico da esquizofrenia, e delírios e alucinações são considerados sintomas inespecíficos. Em sua família, não havia casos de porfiria intermitente aguda. Nunca foram descritas crises epilépticas, seja do tipo grande mal, com perda da consciência acompanhada de abalos musculares, seja do tipo parcial complexa, com automatismos. De fato, o pintor contraiu sífilis, todavia somente aos 32 anos, muito depois do início de seu adoecimento mental. Quanto ao chumbo, deve-se lembrar que van Gogh só começou a pintar aos 29 anos, ou seja, anos após o primeiro episódio psiquiátrico. Além disso, não há informação de que ele algum dia tenha sido tratado com digitálicos. Por fim, parece claro que o diagnóstico de síndrome de Ménière está longe de dar conta de toda a multiplicidade de sintomas apresentados por van Gogh.[14]

Van Gogh abusava de bebidas alcoólicas, especialmente absinto. Assim, alcoolismo é outro diagnóstico proposto para o artista. É difícil afastar essa hipótese, mas, por outro lado, o alcoolismo pode ser uma condição comórbida de outras, visto que o álcool pode causar ou desencadear crises epilépticas e com frequência é usado de maneira abusiva por indivíduos que sofrem de diversos transtornos mentais, como os transtornos de ansiedade ou os transtornos do humor. Além disso, é possível que a amnésia de pintor relativa à automutilação tenha sido o resultado de um episódio de intoxicação alcoólica, um fenômeno conhecido como *blackout*, que pode ocorrer em casos graves de alcoolismo.[15]

Acreditamos que van Gogh, na verdade, sofria de TB. Hemphill, em 1961,[16] provavelmente foi o primeiro a levantar a hipótese de que van Gogh tinha psicose maníaco-depressiva, conceito que, com algumas modificações, deu origem ao de TB. Esse autor foi apoiado por Jamison e Wyatt, em 1992,[17] em uma carta publicada no *British Medical Journal*. São diversos os argumentos que eles apresentam a favor desse diagnóstico. Em primeiro lugar, os episódios depressivos e maníacos descritos no curso de sua doença são bastante característicos e têm um padrão cíclico; e, entre esses episódios, van Gogh parecia retornar ao normal. Além disso, não houve deterioração cognitiva, e sintomas psicóticos e abuso de álcool ocorrem comumente no TB. Por fim, Jamison e Wyatt fazem questão de chamar a atenção para a possível relação entre o TB e criatividade.

Por outro lado, a personalidade pré-mórbida de van Gogh, que pode ser classificada como irritável, também sugere o diagnóstico de TB. A personalidade irritável – assim como a hipertímica, a ciclotímica e a distímica – tem sido considerada uma forma subclínica de TB.[18]

A história familiar de van Gogh, por sua vez, também é bastante indicativa do diagnóstico de TB. Entre os parentes próximos do artista, houve, sem dúvida, diversos casos de transtorno mental. A irmã Wilhelmina tentou várias vezes se matar e morreu, aos 79 anos, internada em uma instituição psiquiátrica. Cor, um irmão mais moço, possivelmente cometeu suicídio, na África do Sul. O tio paterno Cent tinha crises periódicas de "depressão", nas quais ficava totalmente incapacitado para as atividades do dia a dia. O tio materno Johannus também se matou. Por fim, o irmão Théo também teria apresentado um quadro de depressão e, após a morte de van Gogh, teve vários episódios de agressividade contra a esposa e o filho e foi hospitalizado. Na internação, durante a qual morreu, apresentava "paralisia no corpo inteiro" e grandes agitações e oscilava entre "alegre e ruidoso" e "apático e letárgico".[1,4]

Conclusão

A descrição dos sintomas e episódios psiquiátricos apresentados por van Gogh em algumas de suas principais biografias nos faz acreditar que ele sofria de TB. O lítio é o medicamento número um no tratamento desse transtorno mental. Então van Gogh deveria ter tomado lítio? Em primeiro lugar, não poderia, pois esse medicamento foi usado pela primeira vez em psiquiatria somente em 1949,[19] mais de meio século após a morte do artista. De qualquer modo, estudos mostram que o lítio reduz significativamente as chances de suicídio,[20,21] mas, por outro lado, diminui a criatividade em indivíduos com TB.[22] Assim, se van Gogh tivesse sido tratado com lítio, provavelmente teria vivido bem mais, porém agora teríamos muito menos obras-primas para admirar.

Referências

1. Haziot D. Van Gogh. Porto Alegre: L&PM Editores; 2013.
2. van Gogh V. Cartas a Theo. Porto Alegre: L&PM Pocket; 2002.
3. Minnelli V. Sede de viver. Estados Unidos: Metro-Goldwyn-Mayer; 1956.
4. Naifeh S, Smith GW. Van Gogh: a vida. São Paulo: Companhia das Letras; 2012.
5. Arenberg IK, Di Maio VJM, Baden MM. A Reevaluation of the Death of Vincent van Gogh. Am J Forensic Med Pathol. 2020 Dec 1;41(4):291-8.
6. Jaspers K. Strindberg and van Gogh: an attempt at a pathographic analysis with reference to parallel cases of Swedenborg and Hölderlin. Tucson: University of Arizona Press; 1977.
7. Loftus LS, Arnold WN. Vincent van Gogh's illness: acute intermittent porphyria? BMJ. 1991;303(6817):1589-91.
8. Correa R. Vincent van Gogh: a pathographic analysis. Med Hypotheses. 2014 Feb;82(2):141-4.
9. Gastaut H. Vincent van Gogh's disease seen in the light of new concepts of psychomotor epilepsy. Ann Med Psychol (Paris). 1956 Feb;114(2):196-238.
10. Yacubian EMT. A doença e a arte de Vincent van Gogh. São Paulo: Casa Leitura Médica; 2010.
11. Weissman E. Vincent van Gogh (1853–90): the plumbic artist. J Med Biogr. 2008 May 1;16(2):109-17.
12. Lee TC. Van Gogh's Vision. JAMA. 1981 Feb 20;245(7):727.
13. Arenberg IK, Countryman LL, Bernstein LH, Shambaugh GE. Vincent's violent vertigo. An analysis of the original diagnosis of epilepsy vs. the current diagnosis of Meniére's disease. Acta Otolaryngol Suppl. 1991;485(S485):84-103.
14. Cheniaux E. Transtorno bipolar: psicopatologia, curso clínico e subtipos. In: Nardi A, Silva A, Quevedo J, editores. PROPSIQ Programa de Atualização em Psiquiatria: ciclo 8. Porto Alegre: Artmed Panamericana; 2018. p. 93-120.
15. Cruz T, Cheniaux E. Psiquiatria e cinema: a loucura de van Gogn nos filmes. In: Nardi A, Silva A, Quevedo J, editores. PROPSIQ Programa de atualização em Psiquiatria: Ciclo 10. Porto Alegre: Artmed Panamericana; 2021. p. 11-52.
16. Hemphill RE. The Illness of Vincent Van Gogh. J R Soc Med. 1961;54(12):1083-8.
17. Jamison KR, Wyatt RJ. Vincent van Gogh's illness: acute intermittent porphyria? Br Med J. 1992;304(6826):577.

18. Akiskal HS, Mallya G. Criteria for the "soft" bipolar spectrum: Treatment implications. Psychopharmacol Bull. 1987;23(1):68-73.

19. Stone MH. A cura da mente: a história da psiquiatria da Antiguidade até o presente. Porto Alegre: Artmed; 1999.

20. Baldessarini RJ, Tondo L, Davis P, Pompili M, Goodwin FK, Hennen J. Decreased risk of suicides and attempts during long-term lithium treatment: A meta-analytic review. Bipolar Disord. 2006;8(5 II):625-39.

21. Cipriani A, Pretty H, Hawton K, Geddes JR. Lithium in the prevention of suicidal behavior and all-cause mortality in patients with mood disorders: A systematic review of randomized trials. Am J Psychiatry. 2005;162(10):1805-19.

22. Johnson SL, Murray G, Fredrickson B, Youngstrom EA, Hinshaw S, Bass JM, et al. Creativity and bipolar disorder: Touched by fire or burning with questions? Clin Psychol Rev. 2012 Feb;32(1):1-12.

Capítulo 16

VIRGINIA WOOLF

Introdução

O nome de Virginia Woolf está entre os dos maiores escritores do século XX. Classificada como modernista, ela escreveu principalmente romances, mas também contos, biografias, ensaios e uma peça de teatro, além de cartas e diários. Woolf é considerada um dos precursores da técnica literária chamada *fluxo de consciência*. Essa técnica consiste na transcrição de toda a complexidade do processo de pensamento de um personagem, com as associações de ideias se dando de modo não linear, influenciadas por impressões momentâneas.[1,2]

Woolf sofria de uma grave doença mental, caracterizada por episódios de depressão e de irritabilidade e agressividade, além de alucinações auditivas. Cometeu suicídio, e sua morte é retratada na primeira cena do filme *As horas*, de 2002, grande sucesso de crítica e de bilheteria.[3] Por sua atuação nessa obra cinematográfica, Nicole Kidman, interpretando a escritora, ganhou o Oscar de melhor atriz.

Origens

Adeline Virginia Woolf, originalmente Adeline Virginia Stephen, nasceu em Londres, na Inglaterra, em 25 de janeiro de 1882. Seu pai era o eminente escritor, historiador, ensaísta e biógrafo Leslie Stephen; sua mãe chamava-se Julia Prinsep Jackson. Woolf teve três irmãos: dois mais velhos, Vanessa e Thoby, e um mais jovem, Adrian. Teve ainda uma meia-irmã do primeiro casamento do pai e três meios-irmãos do primeiro casamento da mãe. Nunca frequentou escola, foi educada por professores particulares e por seu próprio pai.[4]

Carreira literária

Woolf começou a escrever profissionalmente aos dezoito anos, em 1900, quando publicou, no suplemento literário do jornal The Times, um artigo sobre a casa em que viveram as irmãs Brontë, célebres escritoras. Em 1904, publicou outro artigo, agora no suplemento feminino do jornal The Guardian.[4]

Em 1905, passou a frequentar o chamado *Grupo de Bloomsbury*. Esse grupo era constituído por intelectuais, filósofos, escritores e artistas que se reuniam semanalmente no bairro de Bloomsbury, em Londres. Seus participantes se caracterizavam por criticar as tradições literárias, políticas e sociais da Era Vitoriana. Woolf e sua irmã Vanessa eram as únicas mulheres que compareciam aos encontros.[4]

Woolf publicou em 1915 seu primeiro romance: *A viagem*.[5] Dois anos depois, fundou com o também escritor Leonard Woolf – seu marido desde 1912 – a editora Hogarth Press. Nessa editora, publicou vários outros romances, entre os quais se destacam *Mrs. Dalloway* (1925),[6] *Ao farol* (1927)[7] e *Orlando: uma biografia* (1928).[8]

Durante os anos 1920, alcançou grande sucesso e foi reconhecida internacionalmente, porém, após a Segunda Grande Guerra, caiu no ostracismo. A obra de Woolf só seria redescoberta na década de 1970.[4]

O adoecimento mental

São relatados diversos casos de doença mental na família de Virginia Woolf. Refere-se que sua mãe sofria de depressão.[1] Seu pai, por sua vez, apresentava recorrentes e inesperadas flutuações do humor. Nesse sentido, alguns autores[1,9] acreditam que ele era ciclotímico.

Seu irmão Thoby era descrito como pouco comunicativo. Certa vez, tentou se jogar pela janela na escola, comportamento que depois repetiu em sua própria casa. Já sua irmã Venessa ficou inexplicavelmente incapacitada em duas viagens para o exterior e apresentou dois "colapsos mentais" no final da vida.[2] E Laura, sua meia-irmã por parte de pai, possivelmente tinha a síndrome de Asperger. Ela foi mantida presa no sótão de casa durante grande parte de sua infância, tendo sido depois colocada em um asilo, onde ficaria até sua morte.[2,9]

James Stephen, avô paterno de Woolf, apresentava episódios de depressão e, certa vez, foi internado após correr nu por Cambridge. Morreu em um asilo.[1,2,9] James Fitzjames Stephen, tio paterno dela, em idade avançada desenvolveu um quadro de demência.[9] Por fim, um primo por parte de pai conhecido como Jem, a partir dos vinte e poucos anos, passou a apresentar episódios de depressão, que se alternavam com outros de violência. Aos 33 anos, após longo período de recusa alimentar, morreu de inanição, em uma instituição asilar.[2,9]

Vivências traumáticas durante a infância de Woolf podem ter contribuído significativamente para que ela mais tarde adoecesse mentalmente. Consta que, por nove anos, dois de seus meios-irmãos por parte de mãe, George e Gerald, molestaram-na sexualmente.[1]

A doença de Woolf começou em 1895, quando ela tinha treze anos, logo após a morte de sua mãe, causada por uma gripe. Nesse primeiro episódio, parece ter havido tanto sintomas maníacos como depressivos.[9] A própria escritora conta que, quando foi levada para ver o corpo da mãe, já falecida, sentiu vontade de rir.[10] Na época, ela foi descrita como "extremamente excitável e nervosa", tendo ficado em seguida "deprimida", com ideias de culpa e irritabilidade.[11]

Dois anos depois, Woolf adoeceu novamente, dessa vez após a morte de sua meia-irmã Stella, vítima de peritonite e sepse. Não há muita informação sobre esse segundo episódio, exceto o fato de ela ter tentado o suicídio. Porém, não se sabe como exatamente ela tentou se matar.[2,9]

Em 1904, aos 22 anos, Woolf apresentou nova crise, que, a exemplo das anteriores, sucedeu uma perda na família. Agora foi seu pai, de câncer de intestino, quem tinha morrido, dez semanas antes. Ela se tornou muito raivosa e recorrentemente insultava outras pessoas, principalmente sua irmã Vanessa. Ficava tão agitada, que eram necessárias três enfermeiras para controlá-la. Acreditava que o rei Edward a perseguia e se escondia debaixo de sua janela para zombar dela. Na ocasião, tentou se matar, pulando pela janela. Não se machucou seriamente, mas foi hospitalizada. Na internação, foi submetida à chamada *cura do descanso*, tratamento que a obrigava a ficar restrita ao leito, sem atividade alguma – mesmo a sua higiene e alimentação ficavam a cargo de uma enfermeira.[1,9]

Em 1913, aos 31 anos, Woolf novamente quis tirar a própria vida, dessa vez ingerindo comprimidos de um barbitúrico. Nessa crise, estava sarcástica e irritada, algumas vezes "assustada", e apresentava alucinações auditivas.[1,9]

De 1913 até o final de sua vida, em 1941, ocorreram vários outros episódios da doença e várias hospitalizações. Foram descritos sintomas depressivos – cansaço, perda da capacidade de sentir prazer, fala inibida, insônia, dificuldade de concentração, sentimento de culpa e baixa autoestima –, e sintomas maníacos – excitação, euforia, raiva e agressividade contra o marido e a irmã Vanessa –, além de ansiedade e alucinações auditivas.[1,2,9,12-15]

No dia 28 de março de 1941, Woolf, aos 59 anos, se matou. Vestiu um casaco velho, encheu os bolsos com pedras e se afogou no rio Ouse, que ficava perto de sua casa. Seu corpo só foi encontrado três semanas depois. Ela deixou duas cartas-suicidas, uma para o marido e outra para irmã Vanessa.[2,9] Nos textos, queixa-se das *vozes* que ouvia e de não conseguir mais pensar, ler ou se concentrar. Para Leonard, cheia de remorso, escreveu: "Não posso continuar a estragar a sua vida".[15]

Discussão

No curso da doença de Woolf, alguns episódios apresentaram características de depressão e outros de mania. Assim, hoje em dia, acredita-se que ela sofria de transtorno bipolar (TB).[16]

A doença de Woolf teve um trágico desfecho: o autoextermínio. Pessoas que sofrem de TB têm uma chance de vinte a trinta vezes maior, na comparação com a população geral, de se matarem. Entre os fatores de risco para o suicídio, a escritora apresentava alguns – ausência de filhos, raça caucasiana, tentativas prévias de suicídio e história familiar de suicídio –, mas não outros – sexo masculino, morar sozinha, divórcio, idade inferior a 35 ou superior a 75 anos e desemprego.[17]

Ela teve sintomas psicóticos, especialmente alucinações auditivas. Estima-se que sintomas psicóticos ocorram em cerca de dois terços dos pacientes com TB, mais frequentemente na mania do que na depressão. Nos bipolares, delírios são mais comuns do que alucinações. Não está claro se a presença de sintomas psicóticos seria um fator de risco para suicídio. Os estudos que investigaram essa questão chegaram a resultados contraditórios.[18]

Na família de Woolf, houve muitos casos de doença mental, especialmente depressão. Possivelmente o episódio que levou à internação de seu avô paterno – sair à rua sem roupa – teve características maníacas. O TB está associado a um importante componente genético. Estima-se que 70% do risco de desenvolvimento da doença seja hereditário. Estudos familiares, de gêmeos e de adoção demonstram claramente os aspectos genéticos do TB.[19]

Apesar de ter apresentado crises psiquiátricas numerosas e graves desde a adolescência até o fim de sua vida, aos 59 anos, Woolf manteve, nos intervalos entre elas, uma produção literária extensa e de qualidade. Para Koutsantoni,[9] os estados de humor elevado e a rapidez de pensamento teriam facilitado a criatividade da escritora. Nesse sentido, é possível notar semelhanças entre a técnica de *fluxo de consciência*, que ela empregava em seus textos, e uma típica alteração da fase maníaca do TB, a fuga de ideias. Na fuga de ideias, em função da aceleração do curso do pensamento, há um incremento no processo de associação das ideias, porém sem perda da lógica ou da coerência. Além disso, o uso de rimas é comum, e estímulos ambientais momentâneos costumam ser de imediato incorporados ao conteúdo da fala.[20] Assim, a fuga de ideias, embora represente um fenômeno patológico, expressa ao mesmo tempo um processo criativo.

Referências

1. Boeira M V., Berni G de A, Passos IC, Kauer-Sant'Anna M, Kapczinski F. Virginia Woolf, neuroprogression, and bipolar disorder. Rev Bras Psiquiatr. 2017 Jan 1;39(1):69-71.
2. Gill G. Virginia Woolf: And the Women Who Shaped Her World. Boston, New York: Houghton Mifflin Harcourt; 2019.
3. Daldry S. As horas. Estados Unidos & Reino Unido: Paramount Pictures & Miramax Films; 2002.
4. Reid P. Virginia Woolf [Internet]. britannica.com. Available from: https://www.britannica.com/biography/Virginia-Woolf
5. Woolf V. A viagem (The Voyage Out). London: Gerald Duckworth and Company; 1915.
6. Woolf V. Mrs. Dalloway. London: Hogarth Press; 1925.
7. Woolf V. Ao Farol (To the Lighthouse). London: Hogarth Press; 1927.
8. Woolf V. Orlando: Uma Biografia (Orlando: A Biography). London: Hogarth Press; 1928.
9. Koutsantoni K. Manic depression in literature: the case of Virginia Woolf. Med Humanit. 2012 Jun;38(1):7-14.
10. Woolf V. Moments of Being. 2nd ed. London: Harcourt; 1985.
11. Bell Q. Virginia Woolf: A Biography. New York: Harcourt; 1972.
12. Woolf L. The Journey Not the Arrival Matters: An Autobiography of the Years 1939 to 1969. Orlando: Harcourt Brace Jovanovich; 1969.
13. Woolf V. The diary of Virginia Woolf: Vol. 1, 1915-19. A. O. Bell, editor. Harmondsworth: Penguin Books; 1977.
14. Woolf V. The diary of Virginia Woolf: Vol. 3, 1925-30. Bell AO, editor. Harmondsworth: Penguin Books; 1982.
15. Woolf V. Letter to Ethel Smyth [22 June 1930], letter to Vanessa Bell [23 March 1941] & letter to Leonard Woolf [28 March 1941]. In: J. Trautmann Banks, editor. Congenial spirits: the selected letters of Virginia Woolf. London: The Hogarth Press; 1989.
16. Dalsimer K. Virginia Woolf (1882-1941). Am J Psychiatry. 2004;161(5):809.
17. Miller JN, Black DW. Bipolar Disorder and Suicide: a Review. Curr Psychiatry Rep. 2020 Jan 18;22(2):6.
18. Goodwin FK, Jamison KR. Doença Maníaco-depressiva: transtorno bipolar e depressão recorrente. 2a. edição. Porto Alegre: Artmed; 2010.
19. McIntyre RS, Berk M, Brietzke E, Goldstein BI, López-Jaramillo C, Kessing LV, et al. Bipolar disorders. Lancet. 2020;396(10265):1841-56.
20. Cheniaux E. Manual de Psicopatologia. 6a. edição. Rio de Janeiro: Guanabara-Koogan; 2021.

Capítulo 17

VIVIEN LEIGH

Introdução

Vivien Leigh ganhou duas vezes o Oscar de melhor atriz. Primeiro, atuando em um dos maiores clássicos da História do cinema, ...E o vento levou, de 1939,[1] quando se tornou a primeira não americana a receber o prêmio.[2] E, depois, protagonizando *Uma rua chamada pecado*, de 1951.[3] Por mais de vinte anos foi casada com Laurence Olivier, considerado por muitos um dos maiores atores de todos os tempos.[4]

Durante anos, apresentou alterações do comportamento graves e recorrentes. Recebeu o diagnóstico de psicose maníaco-depressiva (PMD) em vida e foi tratada com eletroconvulsoterapia (ECT).[4,5]

Uma britânica católica, nascida na Índia

Vivian Mary Hartley, que mais tarde adotaria o nome artístico de Vivien Leigh, nasceu em 5 de novembro de 1913, na cidade de Darjeeling, na Índia, quando o país ainda era uma colônia britânica. Foi a única filha do casal Ernest Richard Hartley, um escocês que trabalhava como agente de câmbio, e Gertrude Mary Frances, natural também de Darjeeling.[6]

Aos seis anos de idade, Vivien foi enviada por seus pais para a Inglaterra, onde estudou em internatos católicos, administrados por freiras, até os quatorze anos. Nesse período, ficou afastada de Ernest e Gertrude, que permaneceram na Índia. Posteriormente, frequentou outras escolas na Europa, em países como França, Itália e Alemanha.[4-7]

No final de 1932, aos dezenove anos, casou-se com o advogado Herbert Leigh Holman, doze anos mais velho que ela. Em outubro de 1933, nasceu a filha dos dois, Suzanne.[4,5,7]

Teatro, cinema e Olivier

Em 1931, aos dezoitos anos, Vivien matriculou-se no *Royal Academy of Dramatic Art* (RADA), em Londres, para estudar teatro. Em 1935, passou a usar profissionalmente um dos sobrenomes do marido, *Leigh*, e trocou a grafia de seu prenome, de *Vivian* para *Vivien*. Nesse mesmo ano, fez a sua estreia no cinema, em um pequeno papel no filme *Things Are Looking Up*,[8] e no teatro, na peça *The Mask of Virtue*. Recebeu ótima críticas por sua atuação no palco.[5,6,9]

Em 1937, estrelou o filme *Fogo Por Sobre a Inglaterra*,[10] ao lado de Lawrence Olivier. Os dois já tinham sido apresentados dois anos antes, mas só durante as filmagens é que passaram a ter um convívio mais próximo. Apaixonaram-se então um pelo outro, embora Olivier, do mesmo modo que Vivien, fosse casado. Pouco tempo depois, decidiram abandonar seus respectivos cônjuges e ir morar juntos. Como consequência, ela enviou a filha, ainda criança, para Gertrude, que passou a criar a neta.[4-6]

Em 1938, embora ainda não fosse muito conhecida, especialmente nos Estados Unidos, Vivien conseguiu convencer o diretor George Cukor e o produtor David O. Selznick a lhe darem o papel de Scarlett O'Hara na superprodução hollywoodiana *...E o vento levou*.[1] O filme, um enorme sucesso de bilheteria, arrematou dez Oscars, incluindo o de melhor atriz, para Vivien. Com apenas 25 anos de idade, ela ganhou ainda o prêmio da Associação dos Críticos de Nova York.[4,6,7]

Vivien e Olivier se casaram em 1940, logo depois que o marido dela e a esposa dele concederam o divórcio. Holman ficou com a guarda de Suzanne.[4,5] Vivien e Olivier criaram uma companhia teatral e dividiram o palco em diversas peças. Eles atuaram juntos também em alguns filmes.[6] No início, o envolvimento amoroso entre os dois foi considerado um escândalo, posteriormente, contudo, o casal passou a representar glamour, recebendo enorme atenção da mídia e dos fãs, de maneira semelhante a Elizabeth Taylor e Richard Burton ou Lauren Bacall e Humphrey Bogart.[4,5,9]

Na década de 1940, Vivien participou de cinco filmes apenas,[7] entre eles, *César e Cleópatra*[11] e *Anna Karenina*.[12] Em 1951, após dez anos de afastamento de Hollywood, voltou a fazer um sucesso retumbante no cinema, agora interpretando Blanche Dubois em *Uma rua chamada pecado*.[3] O filme, com roteiro de Tennessee Williams, baseado em sua própria peça, foi dirigido por Elia Kazan e estrelado por Marlon Brando. Por esse papel, que ela havia feito dois anos antes no teatro londrino,[6] ganhou pela segunda vez o Oscar de melhor atriz. Além disso, recebeu um BAFTA e foi premiada pela Associação dos Críticos de Nova York e no Festival de Veneza.[7]

Em 1960, Vivien e Olivier se divorciaram. Eles não tiveram filhos, durante o casamento ela sofreu três abortamentos espontâneos. Por mais de duas décadas, o relacionamento entre os dois foi marcado por múltiplas infidelidades de ambos, brigas violentas – com agressões físicas –, ciúme e inveja. Parecia haver uma competição entre eles quanto a quem fazia mais sucesso na carreira artística. Em 1958, Vivien havia se envolvido amorosamente com o ator John Merivale. Após o divórcio dela, eles foram morar juntos, porém nunca se casaram.[4,5,7,9]

Em 1963, Vivien foi agraciada com o prêmio Tony por sua atuação no teatro em uma comédia musical chamada *Tovarich*.[5,7]

Energia demais, energia de menos e choques elétricos na cabeça

No que se refere ao histórico familiar, consta que um tio-avô de Vivien chamado Gabriel foi internado, aos trinta anos, em uma instituição psiquiátrica para europeus em Calcutá, na Índia. Ele recebeu o diagnóstico de "mania crônica" e teve alta após um período de nove meses.[4,5]

Aos 25 anos, durante as filmagens de ...*E o vento levou*,[1] Vivien teve vários conflitos com colegas, incluindo o diretor Victor Fleming – que substituiu George Cukor – e o ator Leslie Howard. Muito estressada, certa noite tomou uma dose excessiva de um sonífero e, na manhã seguinte, sedada demais, não conseguia se levantar.[4,5]

Em 1944, aos 31 anos, Vivien soube que estava grávida. Contudo, duas semanas depois da notícia, sofreu um abortamento, consequência de uma queda acidental ocorrida durante as filmagens de *César e Cleópatra*.[11] Ficou fora da produção por sete dias e, quando retornou, cansava-se com facilidade e parecia estar muito triste, ansiosa e desatenta. Pouco tempo depois, no meio da filmagem da "grande cena do banquete", apresentou uma repentina e inexplicável explosão de raiva, deixando todos da equipe assustados e perplexos. Teve então que se afastar novamente, agora por cinco semanas, período durante o qual apresentou frequentes oscilações "entre a exaltação e o desânimo". Ao voltar às filmagens, no entanto, parecia estar plenamente recuperada.[4,5]

Nos anos seguintes, Vivien mostrou-se exaltada ou excitada em diversas oportunidades. Costumava dar festas em sua casa para muitos convidados, ficando a noite inteira acordada. Certa vez, após uma briga com Olivier, ateou fogo na cama do casal. Eventualmente ficava muito generosa e dava joias ou outros presentes caros a amigos. De modo recorrente, a sua libido se exacerbava. Numa noite em que um crítico de teatro estava hospedado em sua casa, Vivian, seminua, foi ao quarto onde ele dormia e colocou a mão nos genitais dele. Em 1949, ela estava em cartaz em um teatro em Londres e, após as apresentações, perambulava de madrugada pelas ruas, onde conversava com prostitutas[4] e procurava estranhos, especialmente motoristas de táxi, para ter relações sexuais.[7]

Em 1952, aos 38 anos, Vivien parecia estar deprimida. Por dias seguidos não saía da cama e chorava constantemente. Aceitou ser levada a um psiquiatra, o dr. Lawrence Kubie, então presidente da Sociedade Psicanalítica de Nova York, que formulou o diagnóstico de PMD.[4,5]

Vivien sofreu uma grave crise em 1953, durante as filmagens de *No caminho dos elefantes*,[13] que estavam sendo realizadas no Sri Lanka, país asiático então conhecido como Ceilão. Ela bebia em excesso e não parava quieta. Cheia de energia, passou várias noites em claro, ao ar livre, e organizou algumas excursões pós-filmagens pela região. Certa vez, de madrugada, resolveu escalar uma montanha próxima até o cume para ver lá de cima a alvorada na manhã seguinte.[5] A sua sexualidade também estava nas alturas. Vivien tentou seduzir um membro da equipe técnica, de 64 anos, e o ator Dana Andrews, que era casado. Falava muito sobre sexo em público. Quando Olivier chegou para visitá-la, revelou a ele que o estava traindo com o ator Peter Finch, também casado, com quem contracenava naquela produção.[4] Além disso, no set, era incapaz de recordar o texto, chamava Finch de *Larry*, o apelido de Olivier, e ocasionalmente gritava falas de *Uma rua chamada pecado*,[3] caindo no choro em seguida.[5] A solução foi retirá-la de Siri Lanka e enviá-la a Los Angeles, onde as filmagens continuariam em estúdio. No avião, contudo, ela ficou agitada, querendo fugir. Começou a gritar que a asa estava pegando fogo, enquanto esmurrava uma janela. Arranhou quem tentou contê-la e acabou sendo sedada.[4]

Em Los Angeles as coisas só pioraram. Lá, em uma casa em que os atores do filme estavam hospedados, Vivien apareceu com um sari, uma vestimenta indiana, da cor vermelha, e insistiu que Tamara, esposa de Finch, usasse um igual. Então organizou uma festa de boas-vindas a Finch. No entanto, antes que chegassem os cerca de setenta convidados, incluindo os atores David Niven e Stewart Granger e o diretor Elia Kazan, sumiu, deixando para Tamara, que não conhecia pessoa alguma, a tarefa de recebê-los. Mais tarde, reapareceu. Estava agressiva, gritando e chorando e foi contida por Niven e Granger. Após a festa, invadiu praticamente nua o quarto de Tamara e Finch, que já estavam dormindo, e pulou sobre ele na cama. Em seguida, começou a xingá-lo e a bater nele e exigiu que ele escolhesse entre ela e a esposa.[4,5]

Nos dias seguintes, Vivien ia para os estúdios da Paramount, porém, nas filmagens, errava suas falas e tinha acessos de raiva. De vez em quando desaparecia sem dar satisfação a ninguém. "Olhos brilhantes, ela tagarelava incessantemente", foi a descrição de um jornalista sobre o seu estado. Nesse período, Vivien quase não comia, bebia e fumava demais.[4]

Pouco tempo depois, uma empregada da casa telefonou para Niven, pedindo socorro, dizendo que Vivien parecia "possuída". A atriz havia levado para lá um ex-amante, chamado John Buckmaster, que acabara de sair de uma instituição psiquiátrica. Quando Niven, acompanhado de Granger, chegou, deparou-se com Buckmaster vestido apenas com uma toalha e dizendo que havia sido enviado por um poder superior para proteger Vivien. A casa estava envolta em misticismo: as luzes tinham sido apagadas, havia um forte cheiro de incenso, e Vivien e Buckmaster cantavam músicas e faziam rituais muito estranhos. A aparência dela era bizarra, segundo Niven: "Seu cabelo estava caído em tufos desgrenhados; o rímel e a maquiagem formavam uma máscara medonha até o queixo; faltava um cílio postiço; seus olhos estavam fixos e selvagens. Ela estava nua e parecia muito, muito louca". Ao ver Niven, Vivien tentou seduzi-lo e, em seguida, arremessou uma garrafa de vidro contra ele. Ele então a imobilizou, e Granger tentou dar um sedativo para ela, que jogou as pílulas na piscina. A esposa de Finch relatou que, nesse mesmo dia, tinha salvado Vivien em duas tentativas de suicídio, na piscina e na banheira, após a ingestão de uma grande quantidade de comprimidos. Um médico da Paramount foi chamado. Ele chegou com duas enfermeiras e aplicou um medicamento injetável em Vivien. Não restou alternativa para o estúdio senão demiti-la,[4,5] e Vivien foi substituída por Elizabeth Taylor em *No caminho dos elefantes*.[6,7,13]

Olivier então levou Vivian de avião para a Inglaterra. Duas enfermeiras os acompanharam na viagem. Ainda agitada, ela foi sedada. "A atriz Vivien Leigh, chorando histericamente, foi arrastada de um automóvel para um avião transatlântico hoje por seu marido, Sir Laurence Olivier, e o comediante Danny Kaye, depois que ela atrasou o voo por vinte minutos", publicou o Los Angeles Times no dia seguinte. Quando chegaram à Inglaterra, quatro médicos e duas ambulâncias esperavam a atriz, que foi conduzida para o Hospital Netherne, no condado de Surrey. Nessa instituição psiquiátrica, sob os cuidados Dr. Rudolf Freudenberg, Vivien foi mantida em sono induzido por quinze dias, período durante o qual ficava enrolada em toalhas molhadas com água gelada, para baixar a sua temperatura corporal. Além disso, foi submetida a ECT. Em seguida, por solicitação dela, foi transferida para o University College Hospital, em Londres, onde foi tratada novamente com ECT.[4,5]

No início de junho de 1953, apenas seis semanas após a alta do hospital, Vivien estava recuperada e compareceu à coroação da rainha Elizabeth II. Em agosto do mesmo ano, ela e Olivier voltaram ao palco, em uma nova peça, *The Sleeping Prince*.[4]

Em 1955, Vivien ficou outra vez agitada. Ela, junto com Olivier, estava em uma temporada teatral na cidade de Stratford, na Inglaterra, e, após as apresentações, dava altas festas que duravam a noite toda, nas quais consumia uma grande quantidade álcool.[5] No ano seguinte, aos 42 anos de idade, ela sofreu novo abortamento espontâneo. Dessa vez, contudo, não caiu em depressão. Nessa época, estava com outro psiquiatra, chamado Arthur Conachy.[4,5]

Em 1957, Vivien e Olivier estavam em uma turnê de sua companhia teatral pela Europa. Certa noite, ela quebrou uma janela do hotel onde estavam hospedados e sumiu, só voltando quase em cima da hora da apresentação do dia seguinte. Quando chegou, parecia "drogada ou doente", segundo um colega de elenco. Em outro momento, irritou-se sem razão plausível com outra atriz e a perseguiu, jogando pedaços de pão nela. Ainda durante a excursão, em uma viagem de trem, brigou com Olivier e, gritando, começou a correr para cima e para baixo em um corredor. Em seguida, atirou um estojo de maquiagem contra uma janela, quebrando-a. Acabou sendo contida. Em Varsóvia, entrou em um lago e cortou o pé com um pedaço de vidro quebrado.[4]

Em 1958, em San Vigilio, na Itália, jogou um copo d'água no rosto da mãe. Em seguida, levou para o hotel em que estava hospedada um pescador local que acabara de conhecer. Teve um ataque de raiva quando o gerente não quis deixar o rapaz entrar. A polícia foi chamada, e Vivien quase foi presa depois de morder os dedos de um policial.[4]

Em 1960, nova crise. Ela foi a uma casa que tinha vendido, na qual anteriormente morava, e insultou os novos proprietários. Na ocasião, Conachy confirmou o diagnóstico de PMD e prescreveu novas aplicações de ECT.[4]

Vivien apresentou outro episódio da doença em 1963, enquanto estava em cartaz no teatro com a peça *Tovarich*, na Broadway, em Nova York. Em uma festa, ficou agitada e começou a beber, fumar e dançar de maneira estranha: "arremessando-se contra as paredes como um pobre pássaro enlouquecido". No dia seguinte, em uma matinê do musical, cantou totalmente fora de ritmo e não interagia com os outros atores no palco. No segundo ato da apresentação, em uma cena em que se simulava uma luta, arranhou, esbofeteou e chutou de verdade um colega. E, na cena final, ficou completamente muda. Merivale, seu namorado, teve que chamar um médico para sedá-la e, em seguida, levou-a para a Inglaterra, com o auxílio de uma enfermeira. No avião, Vivien acordou e ficou de novo agitada. Em Londres, foi internada no Avenue Nursing Home. Durante a hospitalização, quebrou janelas e tentou fugir algumas vezes. Agora acompanhada pelo Dr. Michael Linnett, foi tratada com um antipsicótico, a clorpromazina.[4,5]

Após a alta, Vivien retornou ao musical *Tovarich* e seguiu o tratamento médico. Além da clorpromazina, fazia uso do ansiolítico benzodiazepínico diazepam e, de tempos em tempos, era submetida a ECT.[5] A ECT parece não ter afetado a sua memória,[4] tanto assim que, muitas vezes, poucas horas após a aplicação do tratamento, ela subiu ao palco e atuou normalmente, sem errar o texto.[7] Até o fim de sua vida, em 1967, não voltou a apresentar crises graves.[5]

Vivien morreu de tuberculose pulmonar, aos 53 anos.[9] Ela contraíra a doença em 1944, quando tinha trinta anos.[5,7] Na época em que o problema começou, ainda não havia tratamento medicamentoso eficaz, o que tornou a condição crônica. Em 1967, houve uma recidiva da tuberculose, porém a atriz se recusou a tomar os remédios prescritos para ela, que já existiam, e a ser internada. Foi encontrada já sem vida por Merivale, deitada no chão dentro de casa.[4,5]

Discussão

Vivien recebeu, por pelo menos dois psiquiatras, o diagnóstico de PMD.[4,5] Essa categoria nosológica não é mais encontrada nas classificações psiquiátricas, tendo sido substituída, em 1980, pelo transtorno bipolar (TB).[14] Apesar da sobreposição entre os dois conceitos, existem diferenças entre eles. A PMD se caracterizava por episódios somente de mania, somente de depressão ou de ambos os polos.[15] De acordo com os sistemas classificatórios atuais,[16,17] diferentemente, se um paciente só apresentou episódios de depressão, nunca de mania ou hipomania, o diagnóstico deve ser de transtorno depressivo maior, ou depressão unipolar, e não de TB. No TB, necessariamente houve mania, no tipo 1, ou hipomania, no tipo 2, sendo que a ocorrência de depressão é facultativa no tipo 1, mas obrigatória no tipo 2. Assim, todos os pacientes com TB preencheriam os critérios também para PMD, mas a recíproca não seria verdadeira.

No caso da atriz não fica dúvida, o seu quadro clínico se adequaria tanto ao diagnóstico de PMD como ao de TB. Ela apresentou episódios maníacos e depressivos bastante típicos, assim como períodos de plena recuperação entre eles. Possivelmente alguns episódios foram mistos, e houve viradas da depressão para a mania. Nas suas biografias,[4,5] a mania foi relatada mais vezes e mais detalhadamente do que a depressão. Contudo, isso não significa necessariamente que o curso de sua doença tenha sido assim. Como a mania é via de regra mais chamativa e exuberante que a depressão para as demais pessoas – exceto se na depressão há comportamento suicida –, é possível que os episódios depressivos muitas vezes não tenham chegado ao conhecimento daqueles que não tinham um contato tão próximo com Vivien. Por outro lado, existem de fato pacientes com TB que apresentam uma polaridade predominante maníaca, ou seja, que tiveram pelo menos duas vezes mais episódios de mania do que de depressão. Nesses indivíduos, o primeiro episódio da doença tende a ser de mania, com sintomas psicóticos, e a ocorrer em idade mais precoce. Além disso, entre eles se encontra uma taxa elevada de abuso de substâncias.[18]

A chamada *revolução psicofarmacológica*, com a introdução dos primeiros medicamentos realmente eficazes no TB e em outros transtornos mentais, se deu na década de 1950.[19] Assim, no início da doença de Vivien, que teria sido em 1944 ou um pouco antes, não estavam disponíveis antipsicóticos, antidepressivos ou o lítio. Contudo, posteriormente ela pôde contar com essas opções terapêuticas, já que viveria até o ano de 1967. Sabe-se que ela fez uso da clorpromazina,[5] o primeiro antipsicótico a ser sintetizado,[19] que, assim como os outros antipsicóticos, tem ação antimaníaca.[20] Ela também foi submetida a sonoterapia, prática que teve seu auge nas décadas de 1950 e 1960 e que depois foi abandonada, em função da falta de eficiência e do grande risco de letalidade.[21]

A ECT, criada em 1938,[19] foi a opção mais utilizada no tratamento de Vivien.[4,5] Esse procedimento está associado a um grave estigma. Nos filmes do cinema ou da televisão, é mostrado quase sempre como doloroso e lesivo.[22] No entanto, diferentemente do que as pessoas de uma forma geral acreditam, ele seria indolor mesmo se não se usasse anestesia, pois o cérebro não possui receptores para estímulos dolorosos. Além disso, quando se aplica a descarga elétrica, o paciente perde de imediato a consciência e, inconsciente, não pode sentir dor. No Brasil, o uso da ECT é regulamentado pelo Conselho Federal de Medicina, que a classifica como um "método terapêutico eficaz, seguro, internacionalmente reconhecido e aceito".[23] Particularmente com relação ao TB, essa forma de tratamento leva a uma excelente resposta na mania e na depressão e pode ser útil no tratamento de manutenção. Algumas vezes pode levar a um prejuízo de memória, que, porém, tende a ser leve e transitório.[24,25]

Referências

1. Fleming V, Cukor G, Wood S ...E o Vento Levou. Estados Unidos: Selznick International Pictures; 1939.
2. Vivien Leigh [Internet]. Adorocinema. Available from: https://www.adorocinema.com/personalidades/personalidade-6506/biografia/.
3. Kazan E. Uma Rua Chamada Pecado. Estados Unidos: Charles K. Feldman Group; 1951.
4. Galloway S. Truly, Madly: Vivien Leigh, Laurence Olivier, and the Romance of the Century. New York: Grand Central Publishing; 2023.
5. Strachan A. Dark Star: A Biography of Vivien Leigh. London: Bloomsbury Academic; 2020.
6. Relembrando a atriz Vivien Leigh [Internet]. Memórias Cinematográficas. 2018. Available from: https://www.memoriascinematograficas.com.br/2018/12/relembrando-atriz-vivien-leigh.html.
7. Vivien Leigh [Internet]. IMDb. Available from: https://www.imdb.com/name/nm0000046/?ref_=nv_sr_srsg_0.
8. Courville A de. Things Are Looking Up. Reino Unido: Gaumont British Picture Corporation; 1935.
9. Paixão AC. Vivien Leigh: 55 anos depois, um novo olhar sobre seu legado [Internet]. Miscelana. 2022. Available from: https://miscelana.com/2022/07/08/vivien-leigh-55-anos-depois-um-novo-olhar-sobre-seu-legado/.
10. Howard WK. Fogo Por Sobre a Inglaterra. Reino Unido: London Film Productions; 1937.
11. Pascal G. César e Cleópatra. Reino Unido: Gabriel Pascal Production; 1945.
12. Duvivier J. Anna Karenina. Reino Unido: London Films; 1948.
13. Dieterle W. No Caminho dos Elefantes. Estados Unidos: Paramount Pictures; 1954.

14. APA. DSM-III: Diagnostic and Statistical Manual of Mental Disorders. 3rd ed. Washington DC: The American Psychiatry Association; 1980.

15. Goodwin FK, Jamison KR. Doença Maníaco-depressiva: transtorno bipolar e depressão recorrente. 2a. edição. Porto Alegre: Artmed; 2010.

16. American Psychiatric Association. DSM-5: Manual Diagnóstico e Estatístico de Transtornos Mentais. 5a. ed. Porto Alegre: Artmed; 2014.

17. Organização Mundial de Saúde. Classificação de transtornos mentais e de comportamento da CID-10: critérios diagnósticos para pesquisa. Porto Alegre: Artes Médicas; 1998.

18. Carvalho AF, McIntyre RS, Dimelis D, Gonda X, Berk M, Nunes-Neto PR, et al. Predominant polarity as a course specifier for bipolar disorder: A systematic review. J Affect Disord. 2014;163:56-64.

19. Stone MH. A cura da mente: a história da psiquiatria da Antiguidade até o presente. Porto Alegre: Artmed; 1999.

20. Cheniaux E. The pharmacological treatment of bipolar disorder: A systematic and critical review of the methodological aspects of modern clinical trials. Rev Bras Psiquiatr. 2011;33(1):72-80.

21. Scholtz D, Steinberg H. Theory and practice of Pavlov Sleep Therapy in the GDR. Psychiatr Prax. 2011;38(7):323-8.

22. Sienaert P. Based on a True Story? The Portrayal of ECT in International Movies and Television Programs. Brain Stimul. 2016 Nov 1;9(6):882–91.

23. RESOLUÇÃO CFM N° 1.640/2002 [Internet]. CFM - Conselho Federal de Medicina. 2002. Available from: https://sistemas.cfm.org.br/normas/visualizar/resolucoes/BR/2002/1640.

24. Schoeyen HK, Kessler U, Andreassen OA, Auestad BH, Bergsholm P, Malt UF, et al. Treatment-Resistant Bipolar Depression: A Randomized Controlled Trial of Electroconvulsive Therapy Versus Algorithm-Based Pharmacological Treatment. Am J Psychiatry. 2015 Jan;172(1):41-51.

25. Versiani M, Cheniaux E, Landeira-Fernandez J. Efficacy and safety of electroconvulsive therapy in the treatment of bipolar disorder: A systematic review. J ECT. 2011;27(2):153-164.

CONSIDERAÇÕES FINAIS

Na Internet, facilmente encontramos extensas listas de celebridades que sofreriam ou teriam sofrido de transtorno bipolar (TB).[1-3] Tais listas, no entanto, sem dúvida foram elaboradas de maneira pouco criteriosa, com base em dados superficiais, sem muita preocupação quanto à confirmação do diagnóstico segundo critérios médicos. Por outro lado, de fato algumas dessas celebridades receberam em vida por parte de pelo menos um psiquiatra esse diagnóstico ou, postumamente, foram classificadas como bipolares em artigos ou livros científicos.

Quando fomos investigar as informações sobre a vida e o adoecimento mental desses famosos, concordamos com o diagnóstico de TB em diversos casos, contudo, em vários outros, isso não foi possível. Para exemplificar, podemos citar alguns que descartamos e não se tornaram personagens deste livro. A roqueira brasileira Rita Lee, em algumas entrevistas,[4,5] revelou ter TB. Em sua autobiografia,[6] fala muito mais sobre uso abusivo de álcool e de drogas. O pouco que conta sobre o seu suposto TB não é nem um pouco típico desse transtorno mental: "Apesar do meu vaso ruim viver meio quebrado, eu raramente deixava de fazer shows. Sabia que quando pisava no palco baixava a miss saúde. Saindo dele, era como se tivesse acabado de ser nocauteada no ringue por Mike Tyson". Mal sabe Rita que o que acontecia com ela é normal. Ficaria caracterizado o TB, particularmente um episódio de mania, se ela, após fazer um show de rock, não ficasse nem um pouco cansada e continuasse cheia de energia.

Especula-se que os artistas norte-americanos Frank Sinatra[7] e Nina Simone[8] eram acometidos por TB. Ambos apresentavam frequentes ataques de raiva e heteroagressividade, tentativas de suicídio e abuso de álcool ou drogas. Tais alterações, contudo, como tinham um curso contínuo, mais provavelmente estavam relacionadas a um transtorno da personalidade *borderline*. A atriz galesa Catherine Zeta-Jones, por sua vez, revelou publicamente ter sido internada em uma clínica psiquiátrica para tratamento do TB.[9] No entanto, muito poucas informações a respeito estão disponíveis e, assim, não é possível saber se o diagnóstico está correto ou não.

Em um artigo publicado no *American Journal of Psychiatry*,[10] foi levantada a hipótese de que a poetisa norte-americana Emily Dickinson era bipolar. A argumentação se baseia no fato de ela ter apresentado picos de criatividade associados à primavera e ao verão em quatro anos consecutivos, os quais foram seguidos por outro pico, bem mais longo, que durou cerca de quarenta e oito meses. O autor sustenta que esses períodos de maior produtividade artística foram concomitantes a alterações do humor, porém não consegue descrever episódios maníacos ou hipomaníacos característicos. Dickinson era considerada excêntrica e preferia o isolamento social, mas nunca foi submetida a tratamento psiquiátrico e morreu de causas naturais.[11] Portanto, praticamente nada indica o diagnóstico de TB.

Por fim, a análise do caso de Lord Byron, poeta romântico nascido na Inglaterra, mereceu um capítulo inteiro no livro de Kay Jamison sobre a relação entre criatividade artística e o TB.[12] Para justificar esse diagnóstico psiquiátrico, a autora cita os diversos sintomas maníacos – generosidade financeira, hipersexualidade, explosões de raiva e impetuosidade – e depressivos – tristeza, angústia, letargia, insônia, desespero e ideação suicida – que ele apresentou ao longo da vida, além de sua história familiar de "suicídio, violência, irracionalidade, extravagância financeira e melancolia recorrente". Com base na descrição feita por Jamison e em biografias do poeta,[13,14] acreditamos que, de fato, podem ter ocorrido episódios depressivos, que tinham inclusive um padrão sazonal. Os aspectos maníacos, em contraste, seguiam um curso contínuo, tendo se iniciado na adolescência ou até mesmo antes, e eram de leve intensidade. Além disso, foram descritas oscilações do humor dentro de 24 horas. Assim, é provável que Byron não tenha apresentado episódios maníacos ou hipomaníacos bem-delimitados e que, alternativamente, tivesse uma personalidade hipertímica ou ciclotímica, consideradas formas atenuadas do TB.[15] Quadros clínicos em que episódios depressivos se sobrepõem a uma personalidade hipertímica ou ciclotímica pertencem ao chamado *espectro bipolar*, que inclui condições de alguma forma próximas ao TB,[16,17] mas que não são o TB. Nesse sentido, não tendo ocorrido um episódio maníaco ou hipomaníaco, o diagnóstico de TB não poderia ser formulado.[18] Fala ainda contra TB o fato de a doença de Byron não ter sido tão grave, visto que ele jamais tentou se matar, foi hospitalizado ou ficou incapacitado em função de uma crise.

Encontramos um total de dezessete pessoas famosas cujas informações a que tivemos acesso são bastante sugestivas de um diagnóstico de TB, com quadros clínicos típicos desse transtorno mental. Entre elas, no momento da elaboração deste livro, apenas cinco estavam vivas. Somente duas das dezessete eram brasileiras. Uma estrangeira, contudo, D. Maria I, morreu no Brasil. Onze eram ou são artistas; quatro, políticos ou monarcas; e dois, inventores ou cientistas. Oito apresentaram picos de produtividade ou criatividade: sete artistas e uma cientista. Nove realizaram tentativas de suicídio, e cinco efetivamente se mataram. Dez tiveram sintomas psicóticos, isto é, delírios ou alucinações. Dez foram internados ao menos uma vez em uma instituição psiquiátrica. Pelo menos oito apresentaram graves problemas relacionados ao álcool ou outra substância psicoativa. No mínimo treze tinham familiares próximos acometidos por um transtorno mental grave. Oito ou mais receberam em vida um diagnóstico de TB ou de psicose maníaco-depressiva. Por fim, dez foram submetidos em algum momento a tratamento adequado para mania ou depressão.

Do ponto de vista científico, é claro que essa amostra de apenas dezessete *pacientes* é muito pouco significativa. Todavia, as histórias desses dezessete *personagens* mostram o quão grave pode ser, em muitos casos, o TB e, ao mesmo tempo, servem para ilustrar a hipótese de que esse transtorno mental está associado também a aspectos positivos, particularmente à capacidade criativa.

Obviamente um diagnóstico psiquiátrico formulado sem um exame direto do indivíduo, como aqui fizemos, tem uma menor validade. Outra limitação do nosso estudo está relacionada ao fato de as informações sobre cada personagem terem uma origem não médica: foram fornecidas por jornalistas, biógrafos ou a própria celebridade. Deste modo, as fontes naturalmente não tinham preocupação ou preparo para descrever com rigor técnico as alterações psicopatológicas ou para organizar os dados dentro de um modelo médico, o que fez com que recorrentemente tivéssemos que interpretar, com base na semiologia psiquiátrica, o material bruto. Apesar disso, acreditamos que o estudo desses dezessete casos pode ser muito útil didaticamente, provendo interessantes exemplos clínicos do TB. E, em se tratando de indivíduos famosos, alguns deles personagens históricos, há um caráter lúdico envolvido, já que as vidas das celebridades despertam a curiosidade do público em geral. Por fim, associar o TB a pessoas que tiveram grande sucesso em suas áreas de atuação, tornaram-se mundialmente conhecidas ou são admiradas por uma legião de fãs pode contribuir para reduzir o estigma relacionado aos transtornos mentais.

Referências

1. List of people with bipolar disorder [Internet]. Wikipedia. Available from: https://en.wikipedia.org/wiki/List_of_people_with_bipolar_disorder.

2. Celebrities With Bipolar Disorder [Internet]. WebMD. 2021. Available from: https://www.webmd.com/bipolar-disorder/ss/slideshow-celebrities-bipolar-disorder.

3. Fader S. 10 Famous People With Bipolar Disorder [Internet]. betterhelp. 2022. Available from: https://www.betterhelp.com/advice/bipolar/10-famous-people-with-bipolar-disorder/?utm_source=AdWords&utm_medium=Search_PPC_m&utm_term=_&utm_content=118051369807&network=g&placement=&target=&matchtype=&utm_campaign=11771068538&ad_type=text&adposition=&gcli.

4. Com transtorno bipolar, Rita Lee diz: "me aliviou saber" [Internet]. Terra. 2012. Available from: https://www.terra.com.br/diversao/musica/com-transtorno-bipolar-rita-lee-diz-me-aliviou-saber,f62dbbd670a5a310VgnCLD200000bbcceb0aRCRD.html.

5. Rita Lee fala abertamente sobre diagnóstico de bipolaridade [Internet]. Revista Quem. 2012. Available from: https://imirante.com/namira/sao-luis/noticias/2012/04/20/rita-lee-fala-abertamente-sobre-diagnostico-de-bipolaridade.shtml.

6. Lee R. Rita Lee: uma autobiografia. São Paulo: GloboLivros; 2016.

7. Summers A, Swan R. Sinatra: a vida. Barueri: Novo Século; 2012.

8. Light A. What Happened, Miss Simone?: a biography. New York: Crown Archetype; 2016.

9. Catherine Zeta Jones reveals agony of her battle with bipolar [Internet]. Mirror. 2013. Available from: https://www.mirror.co.uk/3am/celebrity-news/catherine-zeta-jones-reveals-agony-178175.

10. McDermott JF. Emily Dickinson revisited: a study of periodicity in her work. Am J Psychiatry. 2001 May;158(5):686-90.

11. Habegger A. My Wars Are Laid Away in Books: The Life of Emily Dickinson. New York: Random House; 2001.

12. Jamison KR. Touched With Fire: Manic-Depressive Illness and the Artistic Temperament. New York: Free Press (Macmillan); 1993.

13. Brandes G. La Vida de Lord Byron. Córdoba: Cofre del Saber; 2020.

14. Charles River, editor. Lord Byron: The Life and Legacy of the Most Famous Romantic Poet. Createspace Independent Publishing Platform; 2018.

15. Zermatten A, Aubry JM. Hyperthymic and cyclothymic temperaments: attenuated forms of bipolar disorder? Rev Med Suisse. 2012 Sep 19;8(354):1757-60.

16. Fountoulakis KN. The contemporary face of bipolar illness: Complex diagnostic and therapeutic challenges. CNS Spectr. 2008;13(9):763-79.

17. Ghaemi SN, Hsu DJ, Ko JY, Baldassano CF, Kontos NJ, Goodwin FK. Bipolar spectrum disorder: A pilot study. Psychopathology. 2004;37(5):222-6.

18. American Psychiatric Association. DSM-5: Manual Diagnóstico e Estatístico de Transtornos Mentais. 5a. ed. Porto Alegre: Artmed; 2014.